黒川万千代
（NPO法人ホロコースト教育資料センター副理事長）

アンネ・フランク

その15年の生涯

合同出版

■主な登場人物

【隠れ家に住んだ8人】

オットー・ハインリッヒ・フランク（お父さん）

エーディト・フランク・ホーレンダー（お母さん）

マルゴー・ベッティ・フランク（お姉さん）

アンネリース・マリー・フランク（本人）

ヘルマン・ファン・ペルス（ヘルマンさん。オペクタ商会の共同経営者。日記ではファン・ダーンのおじさん）

アウグステ・ファン・ペルス（ヘルマン夫人。日記ではファン・ダーンのおばさん）

ペーター・ファン・ペルス（ヘルマン夫妻の一人息子）

フリッツ・ベッファー（ベルリンから逃げてきたユダヤ人の歯医者さん。日記ではデュッセル）

【アンネたちを支えた人びと】

ミープ・ヒース（トラフィース商会の「よろず苦情承り係」。隠れ家に生活するアンネたちの御用聞き）

ヘンク・ヒース（ミープの夫。アムステルダム市役所の職員。ソーシャルワーカー。レジスタンスのメンバー）

エリザベト・フォスキュイル（トラフィース商会のタイピスト。日記ではベップ、またはエリ）

ハンス・フォスキュイル（エリザベトのお父さん）

ビクトル・クーフレル（お父さんの友人。トラフィース商会の共同経営者。日記ではクラーレル）

ヨハンネス・クレイマン（お父さんの友人。トラフィース商会の共同経営者。日記ではコープハイス）

ハンナ・エリザベト・ホースラル（アンナの幼なじみ。生涯の友。日記ではリース、またはハンネリ）

1943年ごろのアムステルダム

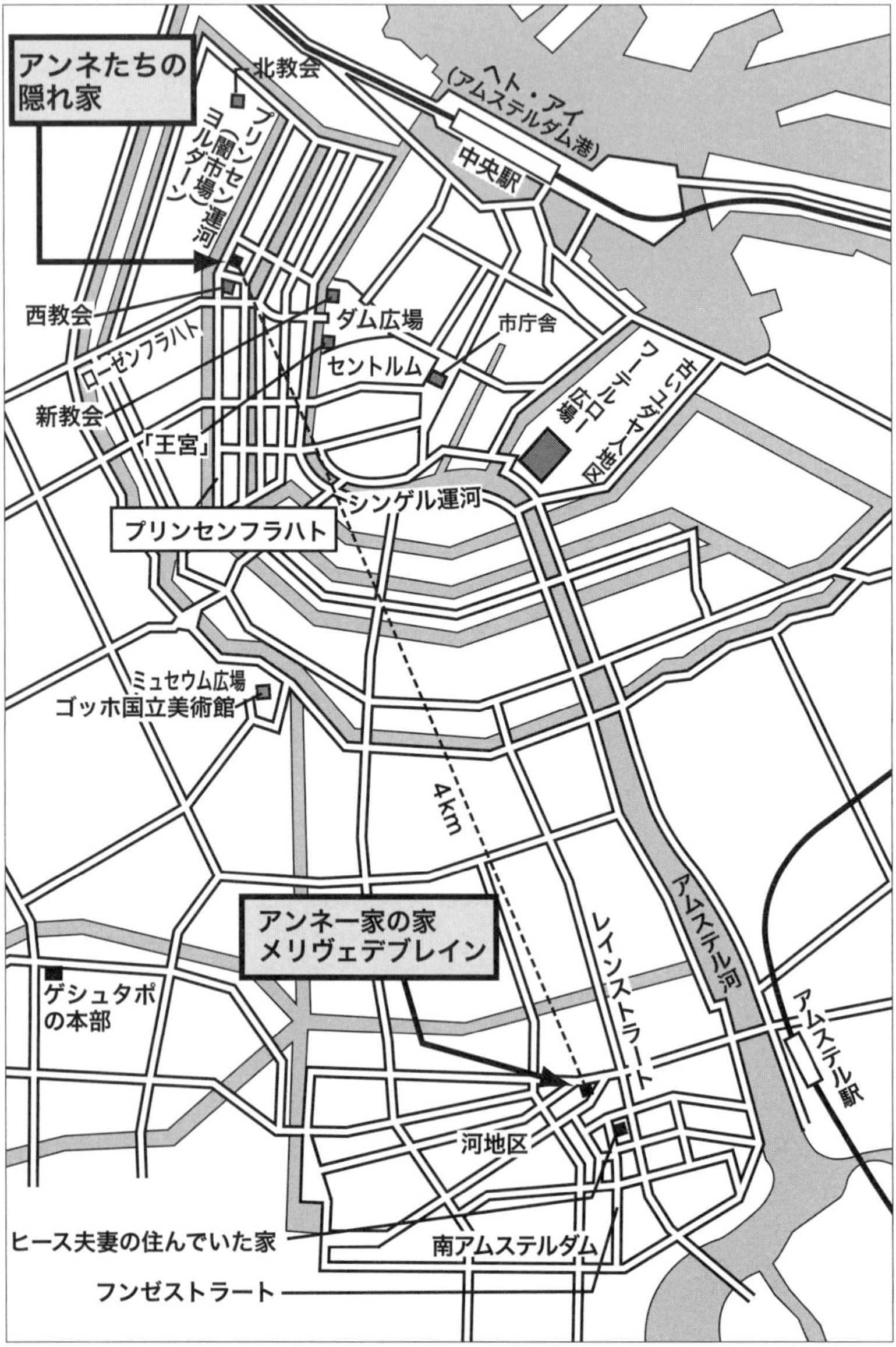

読者のみなさまへ

アンネ・フランクがつづった781日間の日記は、その死後、彼女の望んだように生きつづけ、多くの人びとに生きる力を与えてきました。南アフリカ共和国でのアパルトヘイト（人種隔離政策）に反対して獄中にあったネルソン・マンデラ元大統領もこの本を読み、苦難の中にありながら、常に希望を失わなかったアンネの生き方に励まされたと言っています。

日本では敗戦から7年、まだ戦争の記憶が生なましい米軍占領下で『光ほのかに――アンネの日記』（文藝春秋、1952年）と題して出版された日記が、多くの人びとに感動を与えました。その後、日記は原本を管理するアンネ・フランク財団が完全版を編集する努力をつづける一方で、世界中で翻訳され、「55言語、2500万部を超える」と言われる永遠のベストセラーになっています。

しかし、日本では欧米とは趣が異なった形でこの日記が読み継がれています。欧米では「もっとも優れた戦争の告訴状」と受け止められたのに対して、日本では、肩を寄せ合いつつましく生きた「望ましい家庭像」としてアンネ一家が紹介され、時代的な背景から切り離して「恵まれたお金持ちのおじょうさん」が「悪いナチスにいじめられた悲劇」「かわいそうな少女の物語」という点がことさら強調されました。これまでに書かれたアンネに関する本の中には、当時の時代状況やユダヤ人、ナチスによるホロコースト（大虐殺）についての情報と認識不足から生まれた事実誤認やとんでもない空想による記述がされているものが少なくありません。そのことが歴史を生きた生身のアンネを理解したり、アンネのメッセージを受け取るうえでの障害になっている、と私は考えてきました。

アンネ・フランク生誕80年となる２００９年。広島の原爆を体験してもなお、生きて80歳を迎えることができた私は、あらためて同時期に生まれたアンネの生涯をたどりました。最近のドイツなどでのナチスやヒトラーにかんするすぐれた研究成果をできるかぎり取り入れ、これから『アンネの日記』を読み継いでいく若者たちが、ファシズムの時代にユダヤ人として生きていたアンネの実像を理解する手がかりになるものを書き残したかったのです。

15歳のアンネが希望しつづけた自由・平等・平和に生きたいというメッセージが、みなさまに届くことを願っています。

２００９年7月　黒川　万千代

もくじ

第4章　子どもたちもレジスタンス活動に参加した

第5章　1942年7月　隠れ家に身を隠した日の話

第6章　25カ月、隠れ家のアンネたち

第7章　隠れ家での人間模様

第8章　逮捕された日のできごと

第9章　死の収容所へ

第10章　アンネが亡くなってから

装幀——守谷義明＋六月舎
組版——Shima.

第1章 アンネの家族

お父さんに抱かれた3歳のアンネ・フランク（中央）。
左はお姉さんのマルゴー。

◆4人の家族で生き残ったのは1人

アンネ・フランクは１９２９年6月12日、ドイツのフランクフルト・アム・マイン市*で生まれました。そして、ナチス・ドイツの強制収容所の泥水のなかに顔をつっぷしたまま、15歳でその短い生涯を終えました。

アンネは、お父さんのオットー*、お母さんのエーディト*、そして3歳年上の姉マルゴー*の４人家族でしたが、ナチスの政策により、ユダヤ人であったため全員が強制収容所に送られました。収容所から生きて出られたのは、お父さんだけでした。お父さんは１９８０年まで生きて、91歳でなくなりました。

◆お父さんとお母さんの結婚

アンネのお父さんの家業は、両替商*や外国為替を扱う「フランク銀行」の経営者でした。この銀行はアンネのおじいさん（ミカエルおじいさん）が創立し、おじいさんが亡くなった後は、おばあさん（アリスおばあさん）が跡を継いでいました。ユダヤ人は古代よりさまざまな職業*から締め出されていましたが、

＊フランクフルト・アム・マイン市：現在は非常に発達した交通網と現代的な高層ビルが立ち並ぶドイツ有数の大都市。ヨーロッパの金融の中心で、文豪ゲーテが生まれた街。

＊オットー・ハインリッヒ・フランク：お父さん。１８８９年5月12日〜１９８０年8月19日。

＊エーディト・ホーレンダー・フランク：お母さん。１９００年1月16日生。１９４５年1月アウシュビッツ収容所で死亡。

＊マルゴー・ベッティー・フランク：お姉さん。１９２６年2月16日生。１９４５年3月頃、アンネと同じベルゲン=ベンゼン強制収容所で死亡。

＊両替商：両替商は手数料を取って外国のお金の交換をする銀行業務の一部。

お金を扱うしごとはユダヤ人が就くことのできた職業の一つでした。

お父さんには、兄（ロベルト）と弟（ヘルベルト）がいましたが、兄のロベルトさんは銀行業を嫌い、ロンドンに出て画廊を開いていました。お父さんは銀行に入り、取締役になり、弟のヘルベルトさんも銀行を手伝いました。

銀行経営者の一族というととても「裕福な家庭」と思われますが、「フランク銀行」は、中小規模の地方銀行にすぎません。１９１４年にはじまった第１次世界大戦*は、４年後にドイツの敗戦で終わり、銀行の経営状態はとてもきびしくなっていました。お父さんが29歳の時でした。戦争に負けたドイツの経済は大きな打撃を受け、ドイツのお金（マルク）の貨幣価値や国債（政府が発行した戦時国債）は国際的な信頼を失って、紙くず同然になっていました。「フランク銀行」も経営のたて直しに苦闘していました。

アンネのお母さんの一族（ホーレンダー家）は、オランダとの国境に近い都市、アーヘンの実業家の家系で、けた違いの大金持ちでした。ホーレンダー一族の家業は、クズ鉄の取り引きでした。第１次世界大戦中は「戦争景気」、戦後は「復興景気」でクズ鉄業は引っ張りだこでした。お母さんは、底抜けに人

＊ユダヤ人の職業の制限：１０７８年、ローマ教皇グレゴリウス7世によるユダヤ人の公職追放令があり、13世紀後半、迫害はいっそう強くなり、ユダヤ人の就ける仕事は古物商、質屋、家畜商、行商、クズ物商に限られた。19世紀になって、ユダヤ人にも高校や大学への入学が認められるようになると、弁護士、医師、歯科医、大学教授、ジャーナリストに多くのユダヤ人が就くようになった。またキリスト教では、お金を貸して利子をとることを罪深いこととしているため、銀行などはユダヤ人が就いていた。

＊第１次世界大戦：１９１４年～１９１８年。中央同盟国（同盟国）ドイツ・オーストリア・オスマントルコ・ブルガリアと連合国（協商国）イギリス・フランス・ロシアの2つの陣営に分かれて長期戦が繰り広げられた。後に日本、イタリア、アメリカ合衆国も連合国側として参戦。1918年11月、ドイツ皇帝ヴィルヘルム２世の退位によって、大戦終結。

がよくてやさしいお母さん（ローザおばあさん）とお兄さんたち、たくさんのいとこ、はとこたちに囲まれて大金持ちのお嬢さまとして育ちました。お母さんと一族はとても強い心のつながりで結ばれていました。

１９２５年、36歳だったお父さんは、11歳年下のお母さんと結婚しました。結婚した２人はフランクフルト市内にあったお父さんの実家で生活を始めました。高級住宅地のベートーベン広場に面したお屋敷には、銀行経営者にふさわしいすばらしい家具があり、食堂には品のよい食器が揃っていました。来客用として、当時は高価だった日本製のコーヒーセットまであったほどです。

家の中は、亡き夫の後を継いで家業の銀行を引き継いでいたアリスおばあさんが取り仕切っていました。まだ20代半ばの地方出身のお母さんには、おばあさんとの同居はうっとうしいものだったようです。

◆アンネの生まれた家

結婚して４年後、大都市フランクフルトの生活になかなかなじめなかったお母さんの希望もあって、２人は長女マルゴーをつれてフランク家から出て、あ

フランク夫妻主催で開かれたお茶会。中央がお母さんのエーディト、その右隣がお父さんのオットー。１９３３年撮影（©USHMM）

らたにマルバッハウェグに家を借りました。そこは、なだらかな丘にひろがる新しい住宅地で、小住宅の並ぶ中産勤労者の町でした。この町並みは、第2次世界大戦の戦災を奇跡的にまぬがれて、いまも現存しています。

2人が引っ越した住宅は、4世帯用の小さなマンションでした。大家はケーニッツァーさん*という教師で、教員組合からお金を借りてマンションを建て、1階の右半分に自分たちが住み、左側の1、2階を貸家にしていました。この1階と2階をお父さんが借りたのです。

いまから80年前の1929年、アンネはこの家で生まれています。6月、若葉をつんつんと伸ばしていたという白樺は、いまでは大木となってアンネの部屋の窓におおいかぶさっています。

1981年、私はこのアンネが生まれた家を探しあてています。オランダの「アンネ・フランクの家博物館*」で教えてもらった住所のメモを手に、タクシーの運転手に行き先を告げると、その辺りは「米軍基地だ」と言われました。せめて付近の写真でも撮っておこうと思い、連れていってもらいました。基地のゲートで守衛をしていた米兵に聞くと、「その家ならいま、ド

＊ケーニッツァーさん：もとは教員組合の活動家だった。ナチスが躍進すると、入党し、ナチスの居住支部の支部長となった。

＊「アンネ・フランクの家博物館」：アンネたちが隠れ住んだ建物が博物館になっている（87ページ参照）。

イツ人が住んでいる。歩いてなら行ける」というのです。半信半疑でフェンスで囲まれた狭い道を歩いて行くと道が急に広がり、20戸ばかりの家が並んでいる場所に出ました。そして、たしかにアンネの生まれた家がありました。まるでキツネに化かされているような気持ちでした。

訪ねてみると、現在の住人であるシュトラウス夫人が「見学者はよく来るけれど、東洋人は貴方《あなた》がはじめてです」と歓待してくださいました。

アンネの部屋は、お医者さんだったシュトラウスさんの夫が生前、診察室として使っていたのだそうです。「薄暗い部屋でしたが、この部屋は歴史的に大切なものだから絶対に模様替えをしてはならない。木もそのまま、と大家さんに厳重にいわれています。夏は白樺に毛虫がついて室内に入るので困るのだけれど……」と夫人は話していました。

アンネが生まれ、幼い頃を過ごした家は、ドイツの人びとによって暖かく守られていました。

アンネの生まれた家

第2章 アンネが生まれた時代

アドルフ・ヒトラー（最前列中央）。1935年5月、ニュルンベルク・ツェッペリンフェルト広場でのナチス党大会にて。

ヒトラーの背後にいるのが、秘書マルティン・ボルマン(左)、ナチス党副総統ルドルフ・ヘス(中央)・ホロコーストの首謀者ハインリヒ・ヒムラー(右)。

◆ドイツでナチスが台頭してきた

アンネが生まれた1929年という年は、いまも世界史の中で語り継がれる、歴史的な年です。この年の10月24日、アメリカ・ニューヨーク証券取引所で、株価の大暴落が起き、株屋が立ち並ぶウォール街一帯は不穏な空気につつまれました。殺気立った街の警備に警官隊が出動しました。

同日の曜日にちなんで、「暗黒の木曜日（ブラック・サーズデー）」と呼ばれるこの日をきっかけに、世界は大恐慌に見舞われていきます。アメリカ経済は息も絶え絶えになり、株で財産を失った人びとの中から続々と自殺者が出ます。企業はつぎつぎと倒産、失業者が世界中の都市にあふれました。失業の増加によって社会不安が拡がり、人びとは不満をつのらせていきました。

日本では3年前、昭和天皇が新しい天皇になり、戦争の時代といわれることになる昭和時代*がはじまっていました。アメリカ経済の影響は日本にも及び、たくさんの会社が倒産し、街には失業者があふれました。そのころはまだ少数者だった大卒のエリートさえ、就職がままならなくなりました*。農村では農作

***昭和時代**：1926（昭和元）年12月25日～1989（昭和64）年1月7日。

*小津安二郎監督は映画『大学は出たけれど』（1929年）で大学を出ても就職先がない世相（就職率約30％といわれた）を描いた。

物が売れなくなり、冷害・凶作に見舞われると、わが子を売る家も出てきました。

社会不安が高まると、政府は労働組合運動や社会主義運動などの取り締りを強化し、治安維持法*を改定して、最高刑を死刑に引き上げました。一方で、軍部が次第に力を強めていきます。国民の不満をすくい上げる形で、あらたな資源を求めて「満州*」、中国大陸への侵略*が声高《こわだか》に主張されていきます。

第1次世界大戦に敗北したドイツは、それまでの帝政を廃止し、ドイツ社会党を中心にワイマール共和国として共和制に基づく国づくりをしていました。1919年には人権の保障をうたったワイマール憲法を制定します。しかし、経済は、世界的な不況になる前からすでに深刻でした。敗戦によって、各国から科せられた賠償金はあまりの巨額で、ドイツの支払い能力をはるかに超えていました。賠償金の支払いでドイツの経済は壊滅的な事態になり、ドイツ国民の政府に対する不満は高まっていきます。各国の企業がドイツから資本や生産工場を引き上げ、国内の工場は生産を縮小し、大量の失業者が街にあふれました。ドイツのお金（マルク）の価値が下がり、パンを買うのにリュックサックいっぱいのお金が必要といわれるほどでした*。

***治安維持法**：1925（大正14）年制定。「国体変革・私有財産否認」を目的とし、結社を禁止した。1928年、「国体変革」の目的を遂行するためのいっさいの行為を禁止し、その最高刑を死刑に改悪。思想犯を共産党員だけでなく、キリスト教徒や仏教徒などにまで広げた。1945年10月廃止。

***満州**：中国東北部の地域。1931年9月奉天（現瀋陽）郊外の柳条湖で、関東軍（大日本帝国陸軍）が南満州鉄道の線路を爆破した事件（柳条湖事件）を発端に、関東軍が満州全土の占領。その後の15年戦争の起点となる。

***中国大陸侵略**：日本は日清戦争ののち、遼東半島・台湾・澎湖列島を中国から割譲され（1895年）、中国への侵略をはじめた。第1次世界大戦中、対華21カ条要求を中国に示し（1915年）、侵略政策をエスカレートさせていくこととなる。

*このときハイパーインフレという、貨幣の価値がほとんど失われた状態に陥った。物の値段が驚異的に上が

そんな大不況下のドイツで、国家社会主義ドイツ労働者党（ナチス）[*]の前身となる弱小の右翼団体、ドイツ労働者党が結成されました。その翌年、「ナチス」と改称すると、1921年、アドルフ・ヒトラー[*]がその党首に就任します。ヒトラーはワイマール共和国打倒のクーデター未遂事件（ミュンヘン一揆）を企てて逮捕されました（すぐに釈放された[*]）。

世界恐慌がドイツ経済に更なるダメージを与えると、ナチスへの支持が急速に高まっていきました。ナチスは党綱領に「ドイツ民族の食料供給と過剰人口の移住のため領土と植民地を要求する」と宣言し、ヒトラーも演説でことあるごとに「新しい土地なしでは民族の未来はない」と、声を荒げました。ドイツは「ヴェルサイユ条約[*]」で海外植民地をすべて失い、国土の13％を奪われましたから、そのスローガンは多くのドイツ人の心をとらえました。

「誰がこんなひどい世の中にしたのか！」

「まじめで勤勉なアーリア人から金を奪っているのはユダヤだ。
ユダヤ人の銀行家は利息をとって大もうけをしている。
質屋のずるがしこい、悪党を見ろ。あのユダヤどもは吸血鬼だ。

り、これまでの何十倍のお金を出しても買い物ができなくなった。1日のうちにどんどん値段が上がってしまうため、市民は朝起きるとすぐにパン屋に並ぶこともあったという。

＊ナチス：ドイツ労働者党（1919年結成）が前身。20年「国家社会主義ドイツ労働者党」に改称。「大ドイツ主義」「反ユダヤ主義人種政策」などの党綱領を発表し、21年ヒトラーが党首になる。

＊アドルフ・ヒトラー：1889年、オーストリアの税関官吏とその姪の間に生まれた。画家を志望したが挫折。その後も職業につくことなく、第1次世界大戦ではドイツ軍兵士として従軍。ヒンデンブルク大統領は出自の怪しい、見るべき学歴も職歴もないヒトラーを軽蔑して「ボヘミヤの伍長」と呼んでいた。

＊ヒトラーは禁固5年を宣告されたものの、9カ月で釈放された。

＊「ヴェルサイユ条約」：第1次世界大戦の講和条約。1919年6月28日、

ユダヤ人どもはストライキをあおりたてて、社会不安を増している。
社会党、共産党、労働組合はユダヤ人にあやつられている。
ユダヤ人はドイツの不幸の種だ」

これは、ヒトラーの大衆向けの演説です。「世直し」を待望する思いが人びとの中にだんだんとふくらんでくると、その不満のはけ口が、ユダヤ人に向けられていきます。ドイツの栄光を取り戻そうと訴えるヒトラーの演説は、多くのドイツ人の心をとらえました。「文化的に優れた民族」の生存のために、「劣った民族」の土地を奪うのは正当であるという、ウルトラ右翼の主張は、国民の共感を得たのです。

１９２１年、ヒトラーはナチスの党首になっていました。28年、ナチスにとってのはじめての国会選挙では12議席を獲得し、その後躍進をつづけ、32年には２３０議席を得て第一党となりました。この大躍進をてこに、小さい保守政党と協力体制をつくりヒトラーは、ヒンデンブルク大統領に政権の移譲を迫ります。33年1月、ヒトラーはついに首相の座を獲得します。

「ドイツを任せてくれ」。ラジオからヒトラーの絶叫が響き、ベルリンの街

フランスのヴェルサイユで敗戦国再起の防止、再分割後の植民地の維持などを条項とした条約にドイツが調印し、翌年1月発効された。その後、「ヴェルサイユ体制」と呼ばれる国際秩序ができあがり、国際連盟が成立する。

１９２０年代ドイツで使用された１０００万マルク（©USHMM）。

をナチスの党員がタイマツを掲げて行進していました。「妻はまるで石になったように座っていました」と、ナチスの台頭に不安を感じていたアンネのお父さんは、戦後になって回想しています。

　1933年2月27日、ヒトラーは国会議事堂放火事件を起こします。この事件をドイツ共産党のせいにして、共産党をはじめ、ナチスに反対する人びとを逮捕して刑務所などに送り込み、その運動を弾圧しました。同年3月にはナチスにすべての権限を与えるという「全権委任法」がドイツ国会で可決、ナチス独裁体制が完成しました。

◆ドイツでユダヤ人迫害が始まった

　ナチス独裁体制の下で共産主義者、社会主義者、自由主義者、宗教者などナチス独裁に反対する勢力や非アーリア人*として、ユダヤ人、ロマ（ジプシー）、有色人種、心身障害者、同性愛者などの迫害が始まりました。ナチスの使った人種主義的な論理は、いまでは非科学的な主張として受け入れられるものではありませんが、当時、それを裏付けていた「優生学*」は最先端の科学と考えら

＊非アーリア人種：ヒトラーはゲルマン人こそが「アーリア人」（＝高貴な者）と定義し、それに該当しないユダヤ民族などを差別、迫害した。

＊優生学：19世紀イギリスのフランシス・ゴルドンによって提唱された社会哲学。社会政策によって人間の遺伝形質の改良を目指した。

＊『わが闘争』：ヒトラーがナチスの世界観、政治方針、自らの生い立ちなどを著した本。

れていました。

ヒトラーは獄中での発言『わが闘争*』（第1巻1925年、第2巻1926年刊行）をまとめ、出版させました。そこには、最初から最後までヒトラーのアーリア人種優越主義、反ユダヤ主義が反映された内容が書かれています。ユダヤ人はすべての悪の根源であり、ユダヤ人に支配された資本主義は悪で、階級闘争はユダヤ流の悪しき思考であり、ユダヤ人革命家によって誕生したソ連共産主義国家は悪の巣窟《そうくつ》だ、というのがヒトラーの政治思想でした。

しかし、これはナチス・ドイツだけに現れたものではありません。同じ時期、日本も絶対天皇制のもとで台湾、朝鮮を植民地にし、中国大陸へ軍事侵略をしていきますが、その背景には日本国民の朝鮮人、中国人に対する強烈な人種差別がありました。当時の子ども向けのマンガ本には忠勇の猛犬連隊（日本軍）に刃向かっては逃げる卑怯な山猿として中国人を描いたものもありました。

ドイツを支配したヒトラーは、ユダヤ人を迫害する命令や法律をつぎつぎに出しました。ヒトラーが政権をとった4カ月後の1933年5月からは、ベルリン大学広場などで焚書《ふんしょ》*が始まります。非アーリア人が書いた学術書や、ナチ

＊ベルリン大学での焚書：カール・マルクスの著作をはじめ、ハイネの詩や、シュテファン・ツヴァイクの『マリー・アントワネット』も焼かれた。

ベルリン大学における焚書、1933年5月撮影。

スが「退廃的」とした詩や小説を焼いていったのです。

2年後の1935年5月に、国防軍へのユダヤ人の入隊が禁止*され、9月には、ニュルンベルクでおこなわれたナチス党大会で「ニュルンベルク法」が制定されました。これは、ナチスがその後のユダヤ人絶滅政策の根拠とした法律で、「ドイツ人の血と尊厳の保護のための法律」と名づけられたように、ユダヤ人と判定されると*、公職から追放*、企業経営の禁止、財産の没収、ドイツ人との交際や結婚の禁止など、市民としてのあらゆる生活権を否定されました。

ドイツの街々では、ユダヤ人商店の前にナチス党員が立って、お客さんに「買うな」とおどし、時には店を焼き討ちすることもありました。銀行預金は封鎖され、お金を引き出すこともできなくなりました。店も工場も住居も没収されていきます。また、ユダヤ人は公務員だけでなく、ジャーナリスト、医師、弁護士、大学教授も職場から追い出され、やがては、あらゆる業種からユダヤ人が閉め出されていき、パスポートも取り上げられてしまいました。パスポートがなければ、外国に出ることはできなくなります。当時、歩いて国境を越えたユダヤ人が入国できた国は、オランダとベルギーくらいでした。

＊35年5月に将校、7月に軍役資格が剝奪された。

＊ニュルンベルク法では、4人の祖父母の中にユダヤ教徒が2人以上いれば、本人はユダヤ人と規定された。

＊ドイツでは、1935年に制定されたニュルンベルク法でユダヤ人の市民権を剝奪し、公職からの追放をおこなっていた。空いたポストにはユダヤ人にかわって、失業中のドイツ人が就いた。

ドイツ国内でのユダヤ人に対する迫害に、ヨーロッパ中のユダヤ人が固唾《かたず》を呑んで注目していました。

◆オランダに渡ったお父さん

ヒトラーが首相になった1933年、アンネのお父さんは銀行の立て直しをあきらめ、家族3人を妻の実家（ローザおばあさんの家）に預け、単身オランダに渡り、居住許可を取ろうとしました。ドイツ国内でユダヤ人への迫害が次第に強まり、このままドイツに居続けることは危険だと考えたからです。

お父さんのオランダ行きを助けたのは、スイスに住んでいた妹の夫エリアスさんでした。エリアスさんは、アムステルダムにあるトラフィース商会という食品関連の商社を就職先として紹介してくれました。

トラフィース商会の事業がうまくいっていなかったので、エリアスさんはお父さんの経営手腕を見込んで、この会社を紹介したのです。お父さんはジャムを作るときなどに使われる食品添加物、ペクチン*を販売する仕事をはじめることになりました。その頃ペクチンはまだめずらしいものでしたが、ジャム作り

＊ペクチン：りんごやみかんをしぼるときに残る果肉でつくられる食品添加物の一種。

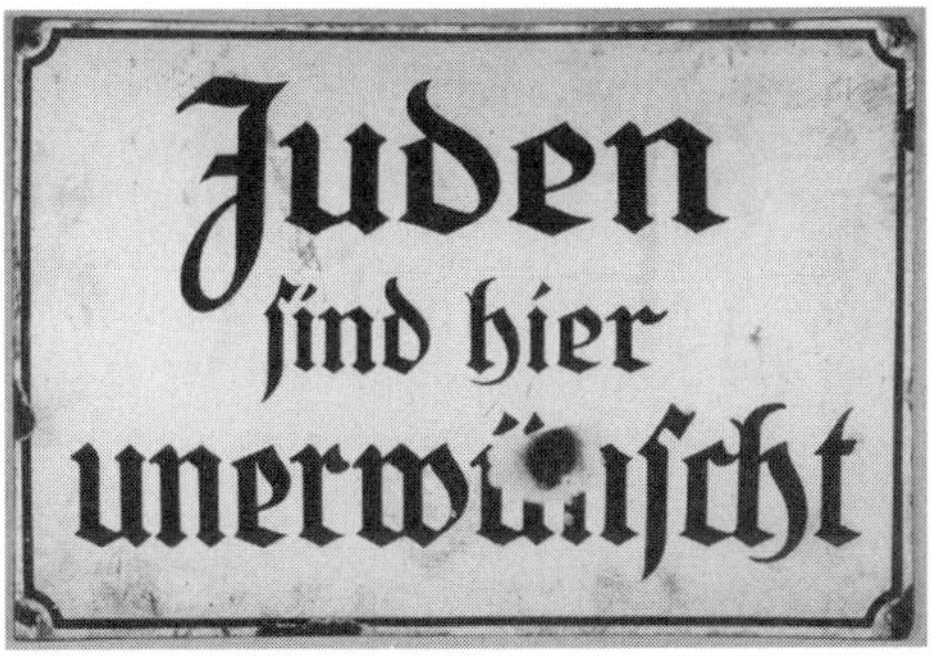

「ユダヤ人おことわり（Juden sind hier unerwunscht）」を示す看板。（© USHMM）

のときに混ぜると、砂糖が少なくて済むため主婦に好評で、トラフィース商会では通信販売や農協や生協での実演販売をして、順調に業績を伸ばしました。そして事務員、セールスマン、パート従業員などを雇って、お父さんは次第に会社を大きくしていきました。*

しかしなぜ、アンネのお父さんは友人の多いアメリカや親せきのいるイギリスに行かなかったのでしょうか。じつは、お父さんは若いころニューヨークの名門メーシー百貨店で働いたことがあり、英語も得意でした。新天地のアメリカでは、ユダヤ人に対する迫害もありません。それでも一家がドイツから遠く離れなかったのは、実家から離れたくないというアンネのお母さんの意向がかなり影響したと考えられています。

それにアメリカは自由の国といっても、アインシュタインなどの著名な科学者や芸術家、大企業の経営者などにはユダヤ人の政治的な亡命は認めましたが、一介の商人が入国するには壁は厚く高かったのです。*

＊お父さんは、オペクタ商会という関連会社もつくり、２社ともに発展していった。

＊アメリカだけでなく、世界中の国（オランダとベルギー以外）がユダヤ人の入国を好まなかった。

第3章 オランダに渡ったアンネ一家

12歳ごろのアンネ・フランク。

◆アムステルダムでの生活が始まった

お父さんがオランダに渡ってから1年が経ち、仕事が軌道に乗りはじめたのを機に、お父さんは妻と2人の娘をアムステルダムに呼び寄せました。1934年2月、アンネが4歳のときのことでした。アンネ一家が住んだ家は、屋根裏部屋付きの4階建てのアパートで、アムステルダム市内のメリウェデプレインというレンガづくりの団地が並ぶ住宅地にありました。

アンネの小学校での友人だったリュシャさんによると、このアパートには最新のセントラルヒーティングまで完備していたといいます。三角形の広場に面していて、2階に広い部屋があり、とても住みごこちのいい住宅でした。

このアパートはそもそも「ウサギ小屋」といわれた狭い労働者アパートを建て直したものでしたが、完成間近にオランダが不況になり、完成しても空家が目立っていました。この空家にドイツなどから逃れてきたユダヤ人たちが入居したのです。この建物は、築後80年あまり経ったとは思えないほど美しく現存し、いまだにアンネたちが住んだままの形で住居として使われています。

アンネが住んでいた家（メリウェデプレイン37番地）

5歳になったアンネは、家から5分ほどのところにあったモンテッソリ学園*の付属幼稚園に通うようになりました。もちろん、オランダにきたばかりですから、まだオランダ語を話せませんでしたが、人なつっこい性格のアンネはすぐに近所の人気者になりました。

◆生涯の親友、ハンナさん

アンネの家の隣には、おなじ5歳でオランダ語ができない、はにかみ屋のユダヤ人の少女、ハンナさん*が住んでいました。アンネとハンナさんは幼稚園、小学校、中学校が一緒で、2人は、生涯の友となりました。

1935年9月、アンネとハンナさんはモンテッソリ小学校に入学しました。時間割のないこの学校で2人とも多くの友だちとのびのびとすごしていました。アンネはもともと規則にしばられることが苦手なうえに、その際限ないおしゃべりで教師たちを困らせ、学校では「ガチョウのようにやかましい」という先生の一言で「ガアガアおばさん」のあだ名がつけられていました。

「アンネはいつも非常に陽気でした。秘密とおしゃべりが好きでした」ハン

＊モンテッソリ学園：イタリアの女医モンテッソリが唱えた自由な教育を基礎とした学校。カリキュラムはなく学びたいことを学ぶという教育方針。モンテッソリ自身も政府ににらまれ、オランダに亡命。北ヨーロッパやニュージーランドの教育に大きく寄与した。

5歳のアンネ（左端）とお姉さん（左から3人目）（©USHMM）

ナさんは後年、こう回想しています。[*] その反面、体が小さかったアンネは病弱で、小学校低学年のころは体調不良でたびたび学校を欠席していました。そのたびにハンナさんがアンネの家まで宿題を届けていたそうです。

アンネが引っ越してくる1年前の１９３３年、ハンナさんは家族とともにオランダにやってきました。お父さんのハンス・ホースラルさんは、アンネのお父さんとおなじ年齢で、ワイマール共和国プロイセン州の政府顧問官、プロイセン州広報室長という役職にある高級官僚だった人でした。ナチスは、穏健な社会主義者で経済学者、ユダヤ人であったホースラルさんの政府での役職も、執筆活動の自由も奪ってしまいました。

ホースラルさんは職を求めてロンドンに移り住んだものの、満足な職に恵まれず、一家でオランダにやってきたのです。そして高校の歴史の先生だった奥さんと、やはりドイツから逃れてきたユダヤ人の弁護士で公証人のフランツ・レーデルマンさんと一緒に小さな事務所を開き、命からがらオランダに逃げてきたユダヤ人（亡命ユダヤ人）の法律相談や生活相談をしていました。

アンネの一家は、ハンナさんの一家と家族ぐるみの付き合いをしていました。

＊**ハンナ・エリザベト・ホースラル**：ドイツ・ベルリン生まれのユダヤ人。父親、妹（ラケル）、祖父母と一緒に強制収容所に送られた。父親と祖父母は収容所で死亡、彼女は生き延びた。日記ではリースあるいはハンネリと書かれている。

＊ドキュメンタリー映画『アンネ・フランク最後の七カ月』（ウィリー・リントヴェル制作、１９８８年）での証言。『アンネ・フランク最後の七カ月』（ウィリー・リントヴェル著、酒井府他訳、徳間書店、１９９１年）に証言が収録されている。

金曜の安息日*の晩になると、アンネのお父さんとお母さんはハンナさんの家に招かれ、いっしょにお祈りをして安息日用のパンを分け合うのでした。

　アンネのお母さんは、お礼にホースラル家の人たちを食事に招きたかったのですが、ホースラル家はユダヤ教の戒律でコーシャ*という特別な料理しか食べられないので、土曜日にホースラル夫妻がシナゴーグ*（礼拝所）にお祈りに行くときに、ハンナさんだけを招いていました。

「（アンネのお父さんは）楽天的な人でした。彼が入ってくると、太陽が昇ったような気持ちになります。いつも機嫌が良いのです。それと反対に私の父は悲観論者でした。父の悲観論が結局は正しかったのですが、フランク氏の話を聞くのははるかに気持ちのよいことでした」

「日曜日に私たちはしばしば彼女の父と、いまはアンネ・フランクの家博物館となっているプリンセンフラハトの大きな事務所へ行き、そこで遊びました。隠れ家は当時、私は見ませんでした。事務所の各部屋には大きな電話があり、お気に入りの遊びをするチャンスでした。一つの部屋から別の部屋に電話をするのです。それは本物の電話を使える体験でした」と、ハンナさんはその後ア

＊安息日：ユダヤ教では、金曜日の日没から土曜日の日没までが安息日で、いっさい仕事をしてはいけない。たとえば、電気のスイッチをさわってもいけない。

＊コーシャ：ユダヤ教で定められた食事。ただし、13歳まではコーシャではない食べ物を食べてもよい。

＊シナゴーグ：一般にはユダヤ教会と訳されるが、本来、ユダヤ教はエルサレムの神殿を再建するまで教会は建てられないため、会堂や集会所と解釈するほうが正しい。ユダヤ人共同体の中心の場所で礼拝、成人式・結婚式などの儀式もおこなわれる。

ユダヤ教の会堂シナゴーグ（スイス・バーゼル）

ンネたちの隠れ家になる事務所で遊んだ思い出を語っています。

「アンネはわがままな少女でした。非常にきれいで、誰もが彼女をとても可愛いと思い、いつも私たちの祝典の中心でした。学校でも彼女はいつも中心的存在でした。彼女は好んで関心を引きたがったのですが、それは悪い特性ではありませんでした。彼女を非常に好きだった私の母はいつも『神さまは何もかもご存知だが、アンネはもっとよく何もかも知っている』といっていたのを私は覚えています」と、子ども時代のアンネの印象を語っています。

このハンナさんの一家にも、たくさんの悲劇が襲います。

お母さん（ルートさん）は、3人目の赤ちゃんを産みますが、難産の末お母さんも赤ちゃんも亡くなってしまいます。ユダヤ人は病院に行くことも、医師にかかることも、もちろん薬を買うことも禁じられていました。そのうえ、ハンナさん一家もアンネとおなじで、お父さん、おじいさん、おばあさん、ハンナさん、当時2歳だった妹まで、強制収容所に収容されてしまいます。生きて強制収容所を出たのは、ハンナさんと妹のラケル（ハビ）さんだけでした。

アンネは隠れ家で、しばしばハンナさんと妹のラケル（ハビ）さんのことを思い出し、心配しています。

アンネたちの通っていた学校は、アンネ・フランク・スクールとして現存している。壁一面にアンネの日記が描かれている。

10年後、ハンナさんとアンネは、ベルゲン=ベルゼン強制収容所で運命の再会をすることになりますが、そのときのことは後で紹介しましょう。

◆アンネとハンナとサンネの仲良し3人組

アンネとハンナさんには、もう1人お互い親友と呼び合う仲良しの女の子がいました。それが、サンネさんです。サンネさんは、ハンナさんのお父さんと一緒に相談事務所を開いていたレーデルマンさんの次女です。

アンネとハンナさん、サンネさんはすぐに仲良しになり、いつも3人揃って遊び、幼稚園や小学校に通いました。サンネさんにはバルバラさんというお姉さんがいました。金髪で青い目をしたバルバラさんは、見た目はまったくドイツ人のようでした。バルバラさんは、同じ年のアンネのお姉さんと仲良しになり、2人の友情もそれぞれが身をかくすまで続きました。

レーデルマンさんは、ベルリンでは有名な弁護士でした。しかし、ユダヤ人であるためにドイツ人相手の仕事を禁止されてしまったので、やむなく、2人の娘バルバラさんとサンネさんを連れて妻のイルゼさんの親せきのいるアムス

レーデルマン一家（©USHMM）

テルダムへ逃げてきていました。オランダでオランダ語とオランダの法律を猛勉強し、亡命から3年後には、オランダの弁護士資格を取得し、ホースラルさんの事務所を支えていました。

レーデルマンさんは夫婦とも、プロ級のチェロ奏者でもありました。夜間の外出や劇場への入場を禁止されていたユダヤ人のために、自宅でミニコンサートを開いては、喜ばれていたそうです。アンネの家でも、オランダに逃れてきたユダヤ人たちを招いて、しばしばお茶の会が開かれました。お茶の会は、ヨーロッパの各地からやって来たユダヤ人たちの情報交換の場になり、悩みや不安を打ち明ける場にもなっていました。アンネのお母さんが作る見事なドイツ菓子は故郷を離れた人びとの望郷の思いを癒したのです。

サンネさんとレーデルマン夫妻は１９４３年に逮捕され、11月、アウシュビッツ収容所*のガス室で殺されています。お姉さんのバルバラさんは、ナチス占領下でレジスタンスグループに入って闘い、生きのび、戦後、レジスタンスの同志だったマーティン・ロッドベルさんと結婚しました。化学者だったマーティンさんは、94年にノーベル生理学賞・医学賞を受賞しました。

＊アウシュビッツ収容所：ポーランド南部にあった収容所。１９４０年設立の第1収容所をアウシュビッツといい、翌年設立の第2収容所ビルケナウと、その後この周辺につくられた多数の施設を総じてアウシュビッツ＝ビルケナウ収容所ともいう。ガス室が設けられた最大規模のこの収容所には、40万人程度が収容でき、諸説あるが死者総数は公式では１５０万人といわれている。ガス室では、「チクロンB」という毒ガスを部屋に充満させて、一度に大量の人を殺害した。

◆「水晶の夜」

さて、アンネが10歳の年、１９３８年11月９日、ドイツ国内ではユダヤ人迫害を象徴するような大事件が起きました。ドイツ全土で暴徒によってシナゴーグや多くのユダヤ人商店や住宅が襲われ、放火されたのです。その前々日にパリで起きたユダヤ人少年によるドイツ外交官への襲撃事件の報復と説明されていますが、報復行動をうながすナチスの煽動に狂乱したドイツの民衆は、ユダヤ人の経営する商店のショーウインドウを叩き割り、店内に乱入して家具を破壊し、品物を持ち去りました。

恐怖の一夜が明けると、道路に散乱したガラス片がキラキラと光っていました。ナチス政府はこの日を誇らしげに「帝国水晶の夜（クリスタルナハト）」と命名し、今日もなおそのままの名称で教科書などに記載されています。

このユダヤ人迫害事件の混乱は、ドイツで起こったことですが、すでにアムステルダムに移住していたアンネたちにも無関係ではありませんでした。お母さんの２人のお兄さん（ヴァルターとユリウス）が逮捕されてしまったのです。

ガス室で使われたチクロンBの空き缶の山

弟のユリウス伯父さんは、第1次世界大戦の戦傷者であることが証明されて、釈放されましたが、兄のヴァルター伯父さんは、ザクセンハウゼン収容所*に送られてしまいました。地方の富裕な家で苦労を知らずに育った41歳の実業家には、収容所の粗末な食事や不衛生な囚人服、虫ケラ扱いされる屈辱は耐えがたいものだったでしょう。百万長者だった兄弟は、広い家も工場も家具・家財・預金、一切合切をナチス政府に没収されてしまいますが、形の上では「本人の自由意思」による寄付とされました。

アンネのお父さんがさまざまなところと掛け合い、ようやくヴァルター伯父さんは収容所から助け出されました。そして、オランダへの一時滞在許可を得ましたが、この後、無一文になった兄弟は、お父さんたちが揃えることができた、心づくしの衣類だけを持ち、難民としてアメリカに渡っていきました。

◆おばあさんもアンネの家に逃げてきた

アンネが6歳のとき、お母さん方のローザおばあさんもドイツからアムステルダムのアンネの家に逃れて来ました。おばあさんは当時72歳で、息子たちと

***ザクセンハウゼン収容所**：ドイツのベルリン郊外にあった強制収容所。1936年に建てられ、20万人を超える人びとがここに収容された。

「水晶の夜」に破壊された店

一緒にアメリカでの生活をはじめることには、とてもたえられそうもありませんでした。さいわい、オランダ政府の許可がおり、おばあさんはアンネの家に同居しました。

ローザおばあさんは気持ちの温かい人で、アンネはおばあさんのことが大好きでした。おばあさんはアンネたちの健やかな成長に良い影響を与え、不安にさいなまれたアンネ一家に安らぎをもたらしました。ローザおばあさんは、アンネの家に移ってから３年後の42年１月、ガンのために亡くなりました。

アンネは隠れ家に入ってからもおばあさんにもらった万年筆を大切に持ち続けていました。日記にも、「お祖母ちゃん、ああ、やさしいお祖母ちゃん。お祖母ちゃんがどんな苦しみに堪えていたか、いつもどれだけわたしたちにやさしくしてくれたか、どれだけわたしたちのことすべてに深い思いやりを持っていてくれたか」（１９４３年12月29日）、「今夜、……蝋燭《ろうそく》の光のなかに、お祖母ちゃんがいるみたい。そしてわたしを護《まも》り、かばってくれて、どんなときにも幸福を味わわせてくれるひと、それもやっぱりお祖母ちゃんです」（１９４４年３月３日）などと書き、いつも懐かしがっていました。

◆第2次世界大戦が始まった

1939年3月、国内の反対派をすべて制圧し、全権を握ったヒトラー率いるナチス・ドイツはチェコに軍事侵入したことを皮切りに、9月にはポーランドに攻め込み、これに反対するイギリス、フランスは宣戦布告し、第2次世界大戦*の火ぶたが切って落とされました。

こんな不安な世相でしたが、アンネの家でも、多くのユダヤ人家庭がそうであったように、子どもたちには怖い情報を聞かせないように、楽しく毎日をすごせるように配慮していました。アンネやお姉さんの誕生日には、モンテッソリ学園の友人たちを招いてにぎやかに誕生会を開き、夏には海水浴に行って楽しくすごしています。プリムの祭日*には子どもだけでなく、みんなで仮装を楽しんでいました。ハンナさんのお父さんは、ヒトラーに仮装して近所にあいさつ回りをしてギョッとさせ、みんなを爆笑させていたそうです。

＊第2次世界大戦：1939年〜1945年。世界が、連合国側（英・仏・米・中・ソ連など）と枢軸国側（ドイツ・イタリア・日本など）、それにわずかな中立国の2つの陣営に分かれて戦った。全世界で6000万人を上回る人が亡くなったと推定される。ドイツ、オランダ、ポーランド、チェコなどでは非戦闘員（一般市民）の死亡者数が、戦闘員の死亡者数を上回った。

＊プリムの祭日：紀元前5世紀ごろ、ユダヤ人絶滅の計画を防いだとされるエステル王妃を記念するユダヤ教の大切な祭り。思い思いの仮装をして祝う習慣がある。

アンネ10歳の誕生日、メリウェデプレインの広場にて。左から2番目がアンネ、4番目は親友のハンナさん（©Anne Frank Fonds - Basel / Anne Frank House / ゲッティ イメージズ）

◆オランダを占領したナチス・ドイツ

第2次世界大戦がはじまってから8カ月後の1940年5月10日、ドイツ軍がオランダ国境を越えて侵入してきました。まだ朝も暗いうち、雷鳴のような音で人びとはとび起きました。ラジオがとぎれとぎれに「ドイツ軍が侵入……」「落下傘部隊が降下……」と伝えました。

アムステルダムは騒然としました。食料を確保しようと群衆が商店に押し寄せ、さまざまなデマが乱れとび、ナチス活動家と見られた人たちはオランダ警察に連行されました。自動車を持っているユダヤ人は脱出を図ろうと港に駆けつけました。港に救出の船が来ているといううわさが流れたのです。ほんの少数の人はイギリスに逃れることができましたが、港で捕まったり、うわさに振り回されて右往左往するばかりでした。もう逃れられないと絶望し、心中してしまったユダヤ人一家もありました。

オランダのヴィルヘルミナ女王*は、ヒトラーに親書を送り抗議しました。

「この大うそつき。国境の平穏を守るとあれほど約束したのに」というはげ

＊ヴィルヘルミナ女王：1880年～1962年（在位：1890年～1948年）。10歳でオランダ国女王に即位。ナチス・ドイツのオランダ侵略時にはイギリスに亡命。戦後、帰還して国を建て直した。後継は娘のユリアナ女王（写真：Wikipedia）。

しい女王の抗議をヒトラーは歯牙《しが》にもかけませんでした。オランダ政府は「国民と共に」国に留まると主張する女王を説得して、イギリスに避難させました。出発前、女王はラジオ放送で「ユダヤ人同胞のことを考えてください」と国民に呼びかけました。ドイツ軍の侵入から4日目、オランダはさしたる軍事的抵抗もすることなく降伏しました。

5月のうるわしい日、戦車や装甲車を連ねアムステルダムの市中をドイツ占領軍は勇ましく行進しました。隊列から顔をそむける人やナチス式敬礼と喝采で歓迎するナチス支持者もいましたが、大きな混乱はなく、市民は静かにそれを見守りました。

しばらくは意外なほどおとなしい占領軍の下で、先々の自分と母国の身を案じながらも、市民の日常の生活はつづけられました。オランダ人もこれまでと変わらず、会社の仕事に打ち込んでいるように見えました。子どもたちは広場で歓声をあげて遊びに夢中になっていました。

しかし、この一見平穏な占領下の背後で、ユダヤ人絶滅の計画が着々と進められていました。まず、ユダヤ人の登録作業が指示され、きわめて事務的に名

アムステルダム市の紋章。左から、「勇敢な」「決然とした」「慈悲深い」という意味の言葉が記されている。

簿づくりがおこなわれました。当時のユダヤ人は、ドイツ軍はお金がなくて「新しい税金の取り立て」のための名簿づくりだろうと考えて、それに応じました。まさか、この名簿が強制労働、絶滅収容所への移送のためだとは、だれも夢にも思いませんでした。

7月になると、数百機ものドイツ空軍機がオランダ上空を通りイギリス上空でのイギリス軍との航空戦に向かいました。8月に入り、「イギリスは降伏寸前、ロンドンは壊滅」と、ドイツ軍は発表しました。やがて毎夜重苦しい爆音が響き、すべての窓を黒い紙や板で覆うように命令が出ました。11月には、ニュルンベルク法（24ページ参照）が施行され、何千人という労働者が、被占領地からドイツに送られ、ドイツ国内などで働かされるようになりました。

1941年9月、満6歳以上のすべてのユダヤ人に対し公共の場での黄色い星*の着用義務命令が出されました。また、ホテル、病院、図書館、公民館、交通機関（例外は渡し船）を使ってはならず、映画館、コンサートホールに入ってはならないという命令も出されました。

アンネも日記に、「一九四〇年五月からは、いよいよ急な坂をころげおちる

＊**黄色い星**：形はもともとは、ユダヤ王ダビデの紋章をかたどったもので、オランダで配られたものは、中に「Jood」（ユダヤ人）と書かれていた。大きさはおとなの手のひらくらい。星印1つにつき、衣料配給切符1枚と4セントの費用がかかった。胸のあたりにぬいつけるなどして、ユダヤ人であることを示させた。着用しないと罰せられた。

ように、事態は悪いほうへ向かいました。まず戦争、それから降伏、つづいてドイツ軍の進駐。わたしたちユダヤ人にとって、いよいよほんとうに苦難の時代が始まったのは、このときからです」（１９４２年６月20日）と当時を振り返っています。

◆中学時代のアンネ

中でも残酷な命令は、ユダヤ人の子どもはユダヤ人以外の子どもと遊んではいけないというものでした。公立私立を問わずすべての学校からユダヤ人の生徒・学生が追放され、モンテッソリ学園の小学校を卒業し、そのまま７年生に進級することになっていたアンネも、それができなくなったのです。そして、急いで作られた「ユダヤ人高等中学校」に入ることを余儀なくされました。

この学校は、校舎こそダイヤモンド会社を所有する人の持ち家を学校に転用したものでしたが、教える先生には不自由しませんでした。あらゆる公私立学校の先生が教職から追放されていましたから、大学教授さえ中学生の授業を受けもっていました。学びたいことをその道の専門研究者から学ぶことができる

オランダにいるユダヤ人が着けさせられた黄色い星

という、これ以上ない環境でした。

　中学生のアンネは親友のハンナさんと一緒に学校に通い、お互いにノートの丸写しをしたりする友情がつづいていました。２人のおしゃべりがあまりに過ぎるので、男の先生がアンネの襟首をしっかりとつかまえて、別のクラスへ移したこともあったそうです。ユダヤ中学は規則のやかましい学校でした。だからといって、体罰やいじめなどはなく、悪いことをすると、ある罰が与えられたのです。それは、作文を書くことでした。

　ハンナさんが、ドキュメンタリー映画（『アンネ・フランク最後の７カ月』）のインタビューで「アンネは当時すでに文章が上手でした」と、アンネの思い出を語っています。たとえば、おしゃべりの罰として課された作文の宿題はあっという間に完成させ、しかも先生自身が思わず笑い出して、読みあげたほど滑《こっ》稽《けい》な詩を書きあげたそうです。しかし、ハンナさんはこうも語っています。

「アンネの姉は優秀な成績で進級しました。彼女は非常に優秀な生徒でした。アンネと私はやっとのことで進級できました。数学の成績が二人とも良くはなかったからです」。

アンネが学んだユダヤ人中学校跡（１９８２年撮影、いまは建物自体も現存しない）

◆13歳の誕生日にもらった日記帳

ユダヤ人中学の1年生だった1942年6月、アンネは誕生日プレゼントにお父さんから日記帳をもらいました。誕生日の朝、ウキウキして、朝早くから目が覚めてしまったアンネは、ついにベッドでじっとしていることにがまんしきれなくなって、リビングへ行きました。テーブルには、きれいに包まれたいくつかのプレゼントとお花、クッキーやジュースなどが置いてありました。

プレゼントの中身が気になるアンネは、お父さんとお母さんへのあいさつもそこそこに、さっそくプレゼントの1つを手にしました。その包み紙から出てきたのが、カギのついた赤と白のチェックの日記帳でした。この日記帳は、アンネの住んでいた家のすぐ近くの本屋さんでお父さんが買ったものでした。アンネが中学生のころは少女たちの間で、日記やエッセイを書くことが流行していました。

アンネは日記帳に「キティー」と名前をつけて、家族のこと、友だちのこと、自分自身のことなどを「キティー」に宛てた手紙として記すようになりました。

アンネの日記帳（レプリカ）

「キティー」はアンネにとって、「心の友」でした。この名前の由来は諸説あります。当時女学生に人気のあった少女小説の主人公の名からとったという友人の証言が、現在もっとも有力な説になっています。

アンネは日記をプレゼントされてから1カ月後、隠れ家生活を始めることになります。隠れ家に住まうようになっても、生活の世話をしてくれるミープさん*やエリザベトさん*が差し入れにくれる紙に「キティー」への手紙を書き付け続けました。それら紙片とプレゼントされた日記帳に書き綴《つづ》った日記が、のちに『アンネの日記』として世界の人びとに読まれるようになります。

＊ミープ：67ページ参照
＊エリザベト：71ページ参照

父オットーがアンネに日記帳を買った店

第4章　子どもたちもレジスタンス活動に参加した

市民ストライキで戦った労働者たちをたたえる像。
アムステルダム市民の激しいレジスタンス運動が
ナチス・ドイツの占領政策を苦しめた。

◆ドイツ占領軍への抵抗運動

　圧制者や占領者、侵略軍に対する市民の抵抗運動を「レジスタンス」と呼びます。ナチス・ドイツはヨーロッパ各国を侵略、占領しますが、各国でドイツに対するレジスタンス運動が起きました。なかでもフランスやイタリア、ユーゴスラビアのレジスタンスなどは武器を持って戦い、連合軍の戦闘と併せて、ナチス・ドイツを敗戦に追い詰めていきます。

　もちろん、ドイツ国内でナチスに抵抗した人びとの活動も忘れてはなりません。なかでも「白バラの抵抗運動*」と呼ばれる大学生たちの自由を求める運動は、本や映画にもなっていまもなお、語り継がれています。

　イギリスに亡命していたオランダのヴィルヘルミナ女王は、降伏後も毅然とした態度で反ナチスのレジスタンス活動を励まし続け、オランダでもレジスタンス運動は活発におこなわれていました。女王は、イギリス国営放送局ＢＢＣの電波を借りて「オランダ放送」を開局、自らマイクに向かって国民に「できる範囲でナチスに抵抗して欲しい」と呼びかけていたのです*。

***白バラの抵抗運動**：ナチスの圧制、侵略に抵抗した非暴力主義のミュンヘン学生たちの運動。ナチスを批判した小冊子を作った学生グループがゲシュタポ（ナチス・ドイツの秘密警察）に逮捕され、ハンス・ショルほか5名が反逆罪で処刑された。映画『白バラの祈り――ゾフィー・ショル、最期の日々』（マルク・ローテムント監督、２００５年）や『白バラの声――ショル兄妹の手紙』（インゲ・イェンス編、新曜社、１９８５年）など多くの作品で紹介されている。

*戦後、女王は帰国にあたって「この国にはナチスの協力者の居場所はない」と高らかに宣言した。

ナチスはＢＢＣ放送を聞くことを禁止＊していましたが、多くのオランダ人は占領軍の命令を無視して、「オランダ放送」の放送時間になると、信頼できる人たちを集めて放送を聞きました。放送を聞くために必要な受信機を小鳥の巣箱に隠したり、大きな薪をくりぬいてその中に隠したり、中にはオランダ独得の大きなチーズの中をくりぬいて隠したという話も伝わっています。

これらの直接、もしくは間接的なナチスへの抵抗、組織的なレジスタンス運動が、オランダのユダヤ人を助けました。アンネたちが街中での隠れ家生活を25カ月間も続けられたのも、こうした運動が大きな支えになっていました。

◆収容所行きの貨車を止めた鉄道ストライキ

ナチスがオランダから撤退するまでには、３つの大きな闘いがありました。

１つめは、１９４１年２月22日、ユダヤ教の祭日からはじまりました。この日シナゴーグには、たくさんのユダヤ人が集まっていました。そしてナチスはシナゴーグを襲い、若い健康そうな男たちを片っ端から逮捕しました。逮捕は翌日もつづき、ワーテルロー広場に集められた青年たちは４２３名にものぼり

＊オランダではラジオ放送はドイツ音楽しか流されず、映画館ではドイツ映画しか上映されなかった。

「白バラの抵抗運動」の若者たち
(©Midwest Center for Holocaust Education)

ました。この青年たちは、マウトハウゼン収容所*に送られ強制労働をさせられることになっていました。

24日の月曜日、市役所、国鉄などの職場ではビラが手から手へと渡されました。ビラは、地下活動*を余儀なくされていたオランダ共産党*によるもので、市民に抗議のストライキを呼びかけるものでした。昼休みには、どこからともなく出てきた労働者たちが港湾地帯の北教会前の広場を埋めました。

市役所労働組合のデューク・ファン・ニムフェンさんは、野菜の空箱の上に立ち、人びとにストライキへの参加を呼びかけました。人びとは口々に「ストだ！　ストだ！」と呼び交わしました。「ユダヤ人同胞のことを考えてください」という女王の言葉を市民は忘れなかったのです。

女王はこのストライキに呼応した多くの市民を、「戦うオランダの愛国者」と称えました。

そのとき、配られたビラはつぎのような内容のものでした。

***マウトハウゼン収容所**：オーストリアのリンツ郊外にあった思想犯を拘禁するための労働収容所。1938年8月、旧ドイツ帝国領外初の強制収容所として設立。収容所内には、ヒトラーが夢想した壮大な石造の都市づくりのための採石場があった。1945年5月5日の解放までに強制労働やガス殺などにより10万人以上の人が死亡したといわれている。

***地下活動**：秘密におこなう非合法の社会運動・政治運動のことを指し、この場合、ナチス・ドイツに対する抵抗。

***オランダ共産党**：当時ナチス・ドイツは、ソ連との間に不可侵条約やポーランド分割協定を結んでいたため、フランスやイタリアなどの共産党は、ナチスを敵と見ることにためらいがあった。そのため、抵抗運動の立ち上がりが遅れていた。スターリンはソ連の侵入に対して戦うポーランド共産党を弾圧し、多くの共産党員がシベリアなどの強制収容所で死んだ。オランダ共産党はこのときは不問にされたが、後に平和運動の高まりでオランダがすべて

ストライキをやろう!!!　ストライキをやろう!!!　ストライキをやろう!!!

ユダヤ人に対する忌まわしい迫害に抵抗しよう!!!

ナチスは土日に何百、何千人というユダヤ人を街路から囚人護送車につれこみ、どこかに移送した……。アムステルダムの労働者諸君、この事態に我慢できるか？

ノーだ、何十回でもノーだ!!!

全企業内で抗議のストライキを打とう！

一丸となってテロと戦おう!!!

逮捕されたユダヤ人たちの即時解放を要求しよう!!!

各社内で、各街区で自衛団を組織しよう!!!

酷い目にあっているユダヤ人と団結しよう。ユダヤ人は労働者の仲間だ!!!

ユダヤ人の子どもたちをナチスの暴力から引き離し、家族のもとにもどしてやろう!!!

みんなの団結の強さを意識するのだ。その力はドイツ軍の何倍も強い。

ストライキだ!!! ストライキだ!!! ストライキだ!!!

一致団結するんだ!!!

勇気を出すんだ!!!

わが国の解放のためにストライキをやるんだ!!!


の核兵器廃絶を唱えたことでソ連はしつこく干渉し、とうとう解党に追い込まれた。

「広場で不法な集会がおこなわれている」という通報に占領軍の軍用車がサイレンを鳴らしてやってくると、広場には人影もなく、ただ野菜の空箱が1つあるきり、オランダ名物の大きな猫がのっそりと広場を横切っていただけだったそうです。

翌25日、ユダヤ人を詰め込んだ家畜用貨車がオーストリアのマウトハウゼン収容所へ向けて中央駅を出発しようとしましたが、列車は動きませんでした。国鉄の労働者がストライキに入っていたのです。やがて路面電車もバスも止まり、役所、銀行、一般の会社へとストライキがひろがり、高級デパート「バイエンコルフ」も証券取引所も商品取引所もストライキに入りました。もっとも先進的といわれた港湾で働く労働者は、船の積み荷の扱いを拒否しました。

ストライキ決行後は、多くの労働者が身を隠しました。市民や農民たちは、食料も乏しかったにもかかわらず、この労働者たちを匿《かく》まいました。女王は「労働者のみなさん、慎重な行動をとり、彼らの報復から身を守るように、充分心してください」と励まし続けました。

ナチス占領軍は、ストライキに対する報復措置としてアムステルダムへの食料や日常必需品の輸送を禁止したため、市内はたちまちひどい食料難に陥りました。戦時下の都市の食料難はアメリカを除いて、世界共通に起こったことですが、アムステルダムの惨状は並たいていではありませんでした。市民は食料を求めて農村へ走りましたが、わずかな食べものしか手に入りませんでした。中には手に入ったわずかな食料を老人、子ども、そして家族に食べさせ自分は我慢して栄養失調や飢えで死んだ母親が大勢いました。

私自身、オランダの平和集会に出た際に何人ものアムステルダムの市民から戦争中の体験談を聞いていますが、「私の母は子どもに食べさせて自分は死んだ」「燃料もなく、街路樹を切り倒したり、中には家のドアをはずして持ち去る人もいた」という話もありました。

◆かいらい政権をつくらせなかった

この歴史的なストライキの様子を調査するために、１９８０年にオランダを訪れた時、オランダのレジスタンス運動の最高指導者で、戦前オランダ労働総同盟の指導者の１人、シモン・コーベアさんにお目にかかりました。

シモン・コーベアさん（１９８０年撮影）

コーベアさんは、市内を歩きながら、いろいろな建物を案内し、それらにまつわる当時のできごとを話してくださいました。

「一度、店を開けたが、閉店した店もあった。高級品を扱う商店街カルファーストラートの店舗も軒並み扉を閉めた。中には本日スト協賛のため閉店と札を出した店もあった。2日間われわれはストをおこなったが参加者は男女あわせて30万人*にもなった」

いまもオランダ人はこのストライキを「市民スト」と呼び、この歴史的できごとをけっして忘れてはならないと毎年記念式典をおこない*、小・中・高校の教科書に記し、節目の年には記念切手を出すなどしています。

このようなオランダ国民の抵抗にもかかわらず、423名のユダヤ人青年がマウトハウゼン収容所に送り込まれました。このうち、戦後、収容所から生還したのはわずか2名でした。

また、レジスタンス運動に対してもナチス占領軍は激しい弾圧をおこない、おおぜいのストライキ参加者を逮捕しました。4人の労働者をヨナス・ダニエル・メイヤー広場の古いシナゴーグの前で公開銃殺したのを皮切りに、18

＊当時アムステルダム市の人口は約80万人。
＊市民ストの記念式典は、女王、王族、閣僚、国会議員は参加の義務がある。一般市民は自由参加。

人を処刑しました。その中には16歳の少年もいました。

「ストライキによる犠牲はとても大きかった」。しかし、オランダ国民の抵抗に直面してナチスはかいらい政権*を作ることをあきらめざるを得なくなったことで、「その後の抵抗運動に大きな利益をもたらした」とコーベアさんはいっていました。つまり、かいらい政権のように形だけでもオランダ国政府を名乗る政府があると、それへの抵抗は「国家への反逆者」というレッテルが貼られて非難されますが、占領軍の直接統治に対する抵抗運動は、女王自身もラジオ放送で「戦う愛国者のみなさん」というメッセージを伝えていたように、国の公認の運動となったのでした。

コーベアさんも「すべての人から愛国者の行動として幅広い国民の支持が得られた」といっていました。このストライキによって、思想信条に関係なくオランダをナチス・ドイツの支配から解放しようという一致点でオランダ国民はまとまることが可能になったのです。コーベアさんは、残念ながら私が帰国してからまもなくして亡くなられました。

***かいらい政権**：かいらい（傀儡）とは、操り人形のこと。ナチスのかいらい政権とは、ナチスによってつくられた、ナチスのいいなりになる政府のこと。

◆大学生の抵抗運動

2つめは学生を中心とした若者たちによる地下での抵抗活動です。

ドイツ国内での「白バラの抵抗運動」は48ページに紹介しましたが、オランダでは、ナチス占領軍がヒトラーへの忠誠宣誓をとくに大学生に強要しました。しかし、忠誠を誓ったのはわずか5％、なんと95％の学生は「われわれは女王に忠誠をつくすが、ヒトラーに忠誠など誓えない」と宣誓を拒否、逮捕を逃れるために地下活動に入っていきました。

地下活動中に捕まればドイツへ連行され、処刑される運命が待っていました。ですが、宣誓した学生も結局ドイツ軍に入れられ、最前線に出され、生きて帰れた人はほとんどありませんでした。

若者たちの抵抗と、「黄色いの星」着用の命令に対するオランダ人の反応に占領軍はおどろき、混乱しました。ナチスを信奉する団体さえもオランダの主権を侵害すると不快感を露《あらわ》にするだけでなく、ユダヤの印をつけた人にほほ笑みかけたりする市民が後を絶たなかったからです。

そんななか、学生たちは「黄色い星」をつけて大勢で電車に乗り込みました。ドイツ兵に「黄色い星」をとがめられると、学生たちは答えました。「ドイツ兵は字が読めないのか、よく見ろ」。

なるほど、星の下の文字はオランダ語でユダヤ人を意味する「JOOD」でなく、「JOOB」となっていました。まわりを取り囲んだ乗客は、「ドイツ兵は無学者」「田舎者」とやじり、収拾がつかなくなった事件があったことをオランダ軍政部報告は記録しています。

ナチスはドイツ国内でおこなったように、占領地でもユダヤ人を一定の場所に集めて、周囲を壁で囲んで隔離するゲットー計画を進めていました。オランダでは国内全土からユダヤ人がアムステルダムに集められました。しかし、この計画は遂行されませんでした。市民感情を無視してまでできなかったようです。ゲットーの予定地はワーテルロー広場*一帯でした。

ゲットーに隔離されなかったことは、オランダのユダヤ人が身を隠すチャンスがあったことを意味します。アンネのお父さんたちが会社の仲間の協力で隠れ家を準備し、約1年かけて少しずつ必要なものを運べたのも、自分の家に住

＊ワーテルロー広場：アムステルダム市役所やオランダを代表する画家レンブラントが20年間住んだ家（現在美術館となっている）の近くにある広場。19世紀から毎日のようにフリーマーケットが開かれ、市民の憩いの場となっている。

ワーテルロー広場近くにもともとあったユダヤ人居住区。

んでいたからできたことでした。

◆オレンジ色がつなぐ抵抗運動の輪

３つめは、直接的な抵抗運動であるストライキやサボタージュ*が市民全体に広がったことです。

この頃、オランダの市民はオレンジ色のふとんや毛布を窓やバルコニーに干すようになりました。適当な干し物がないときには、戸口にニンジン１束を下げていたといわれています。もともとは太陽の光が弱く、洗濯物を干すこともまれな国です。そんな街にあって、家々から垣間見えるオレンジ色はさぞ目立ったことでしょう。これはレジスタンスの組織への「仲間になりたい」というサインでした。職場では、オレンジ色の紙をさりげなく机に置いて、レジスタンスのメンバーからの連絡を根気よく待ったのだそうです。

オレンジ色というのは、オランダ王室をあらわすオランダのシンボルカラーです。いまでもオリンピックやサッカーのワールドカップのような世界大会などで、オランダチームはオレンジ色のユニフォームを着用していますが、当時

***サボタージュ**：日本語では「怠業」と訳され、意識的に仕事をさぼったり、生産ラインなどを止めるための妨害行為をして企業主に損害を与え、紛争の解決をせまること。

オレンジ色の衣装などは禁止されていました。

オランダは日本の九州をひと回り小さくしたくらいの小国で、山岳地帯も森林もない平坦な国ですから、フランスやイタリアなどのように武装してのレジスタンスは不可能でした。抵抗運動は日常生活のなかで、ビラを配る、ポスターを張って訴えるなどの形でアピールされました。ストライキやサボタージュもいたるところでおこなわれていました。

それから、各家庭が協力した抵抗運動に「砂糖のカンパ」がありました。１さじ、２さじと砂糖が集められ、ひそかに青年たちがドイツ軍基地にしのびこみ、ガソリンタンクに投入したのです。砂糖入りのガソリンで走るとエンジンが焼きついてしまうため、大きなダメージを与えたといいます。

◆ナチスに殺されたゴーダ市市長

サボタージュで有名なのはロッテルダム近郊のゴーダ市の市長でした。市長は占領軍の命令を実行するという本来の仕事のかわりに、毎日市長室で歴代市長の紋章を描いて時間をつぶしていました。市職員もグータラを決め込んで、占領軍の指示通りには仕事をしませんでした。ゴーダ市でも登録事務所でユダヤ人を強制連行する名簿作りがおこなわれましたが、レジスタンスに参加している職員が事務所に火をつけて名簿を焼いてしまったり、名簿を床下に隠して強制連行をサボタージュしたこともありました。

業を煮やしたナチスは、市長を逮捕して強制収容所へ送り込み、殺害してしまいました。戦後、市長の描いた紋章は、市の宝物として市議会議事堂のロビーに飾られ永久保存されています。

◆少女オードリー・ヘップバーンも参加したレジスタンス

占領下において、地下活動に従事するレジスタンスの活動家を匿うネットワークが市民の間に生まれたり、農家や助産婦などが活動家の子どもを預かる「里親運動」がおこなわれました。ユダヤ人を匿う先の紹介や里子を預かってくれる先のあっ旋は教会の牧師が窓口になっていました。

レジスタンスのグループは無数につくられていました。たとえば社会党や共産党などの左翼勢力や「自由オランダ」のような保守派グループもありましたし、労働組合、協同組合、教会などのまとまり、警官や公務員などの職場ごとにもグループをつくっていました。それぞれは、1つにまとまったり1つの方針に従ったりすることなく、自主的に抵抗活動をおこなっていました。

たとえば、ポスター張りなどは警官グループが受け持ちました。日が昇っているうちは街を巡回してレジスタンス活動のポスターをはがす任務のはずの警察官たちは、日が暮れると、ポスターを張って回ったそうです。また、画家や印刷の職人はレジスタンスの機関紙づくりや身分証明書や配給切符の偽造に従事し、それを配るのは公務員のグループでした。

子どもたちのレジスタンスグループもありました。子どもたちは文書の受け渡しや連絡など重要な役割を果たしていました。子どもなので、街をうろうろしてもあやしまれることはほとんどありません。万一、捕まってもお腹がすいたと泣いたり、「兵隊さん、チョコをちょうだい」と甘えたりしてごまかしたのです。そんなマニュアルさえありました。

後に大女優になったオードリー・ヘップバーン*は、アンネとおなじ年（アンネより1カ月お姉さん）にベルギーの首都ブリュッセルで生まれていますが、

＊オードリー・ヘップバーン：1929年5月4日〜1993年1月20日。ベルギーのブリュッセル生まれ。正式名は、オードリー・キャサリーン・ファン・ヘームストラ・ヘップバーン＝ラストン。父はアイルランド系イギリス人、母はオランダ人だが、両親の離婚のため母とオランダ東部アルンヘムに移住。晩年はユニセフの活動に尽力した。主演映画は『ローマの休日』や『ティファニーで朝食を』など多数。

両親が離婚したため10歳のときにおじいさんのいたオランダに引っ越してきました。バレエ学校で練習に明け暮れますが、才能を認められて15歳のときには、少女バレリーナとして有名になっていました。

オードリーの家族もナチスの支配下で大変な目にあっていました。オードリーの叔父さんや2人のお兄さん、そしてお母さんもレジスタンス活動のメンバーでした。そして、叔父さんはゲシュタポ*（秘密警察）に銃殺されたり、お兄さんの1人が逮捕され強制労働をさせられたりしました。イギリス人の子どもであるオードリー自身に危険が迫ったこともありましたし、駅でユダヤ人がぎゅうぎゅう詰めに乗せられた家畜列車を目撃したりもしていました。

オードリーのお母さんやもう1人のお兄さんは、熱心にレジスタンス活動を続けていましたので、オードリーもレジスタンス活動の連絡係をしたり、資金集めのためにバレエ公演をしたことはよく知られています。

第2次世界大戦が終わるとオードリー一家はロンドンに移り、とても貧しい暮らしを送ります。オードリーはときどき舞い込む映画やテレビの仕事をしながら、家計を助けていました。その後1953年公開の、映画『ローマの休日』

***ゲシュタポ**：ナチス・ドイツの秘密警察。ドイツ国内や占領地で、レジスタンスの弾圧やユダヤ人の逮捕などをおこなった。同時期、日本にも「特別高等警察」という秘密警察組織があった。

のアン王女役のオーディションに合格して、大女優への道を歩みはじめますが、60歳のとき、国連のユニセフ親善大使になり、内戦が続くアフリカを訪れ、戦禍を受け、飢えと病気に苦しむ子どもたちを救援する活動をおこないました。彼女は自身の戦争直後の飢えの体験がそうさせていると語っていました。

オードリーは息子にあてた手紙に、「もし太りたくないなら、食べ物のない子どものことを考えなさい。そうすれば、太るほど食べられません」と書きました。これもレジスタンスに参加したオードリーにとって、食べ物も少ししか手に入らない地下活動の日々が決して忘れられないものだったからでしょう。

おなじときに、おなじ国で戦禍をこうむったオードリーとアンネは、戦後、出会うことになります。オードリーは『アンネの日記』を読み、その身に起こった事を知り、とても衝撃を受けたのです。1959年、オードリーはジョージ・スティーヴンス監督から映画『アンネの日記』*のアンネ役で出演依頼を受けましたが、それを断ってしまいました。戦争中のつらいできごとを思い出すことを恐れたからだといわれています。

しかし30年あまりを経た1990年、オードリーは国連総会で『アンネの日

***映画『アンネの日記』**：日記の映画化。製作・監督は『ジャイアンツ』のジョージ・スティーヴンス。アメリカ映画。アンネ役はミリー・パーキンスがやった。

記』を朗読しました。オードリーは「(アンネの日記は) もっともすぐれた戦争に対する告訴状だ」とアンネがつづったメッセージを自分自身の声に乗せ、平和を願い読み上げたのでした。

第5章 1942年7月 隠れ家に身を隠した日の話

隠れる直前のアンネ（右）とお姉さん（左）。
隠れ家生活での写真は残っていないため、
この写真がアンネを写した最後のものと言われている。

◆隠れ家に身を隠す計画

1942年1月、アムステルダム近郊のユダヤ人に対して、市内へ移住するよう命令が出されました。まえに紹介しましたが、市内にユダヤ人ゲットーをつくる計画のためでした*（この計画は失敗。57ページ参照）。

わずかばかりの身の回りの品々を、かついだり、乳母車に乗せたりして大勢のユダヤ人が市内に入り込み、人口がいっきょに増えました。一方、市内では引っ越し禁止、家具の移動禁止をしていましたので、市内に住んでいたユダヤ人は引っ越してきた親せきや知人、難民たちを同居させないわけにはいきませんでした。

市内でもユダヤ人狩りが頻繁におこなわれ、危機的状況が色濃くなってきました。夜8時から翌朝6時までは外出厳禁。自宅の庭にもベランダにも出ることは許されません。逮捕されるならまだましで、その場で射殺されることもありました。どんな事情があってもユダヤ人は公園、病院、公共施設に入ってはならない。クリスチャンの家を訪問してはいけない。結婚だけでなく、男女の

＊1942年1月20日、ベルリン郊外ヴァンセーでヒトラー政権の高官15名が出席して、「ユダヤ人問題の最終的解決」との言い回しでユダヤ人絶滅計画が採択された（ヴァンセー会議）。写真は、ヴァンセー会議の開かれた所。いまは博物館になっている。

交際も犯罪とされました。

ある春の日、アンネのお父さんは事務員のミープさん*を役員室に呼んで、まだ娘たちにすら秘密にしている「ある計画」を打ち明けました。それは、自分たち一家4人が隠れ家に身を潜める計画でした。

身の危険を感じていたアンネのお父さんは、アムステルダムの10年来の友人であるクレイマンさん*と2人で、1年前からひそかに安全な場所へ移り住む準備に取り掛かっていたのです。

身を隠すメンバーは、アンネ一家4人と、お父さんと一緒に事業をしていたヘルマンさんの家族3人、しかも、会社の3階と4階の空部屋*を隠れ家にすることを打ち明けられ、隠れ家での生活の支援を依頼されたミープさんはそれを引き受けることに何の迷いもありませんでした。

しかし、当時ユダヤ人を匿う罪は重く、投獄されることはもちろん、発覚したその場で射殺されることもありました。反対に、隠れ住んでいるユダヤ人を密告したり、見つけ出した者には、シュナップス（焼酎の銘柄）3分の1本、ソーセージ1本、たばこ銭ほどの金（はじめは7・5ギルダー、だんだん上が

＊ミープ・ヒース：オーストリアの貧しい家に生まれ、オランダの養父母のもとで育った。トラフィース商会の事務員。旧姓名＝ヘルミーネ・サントロシッツ。

＊ヨハンネス・クレイマン：日記ではコープハイス。華奢な体格で物静か。会計の専門家で、後にトラフィース商会の共同経営者の1人となる。

＊トラフィース商会は、事業拡大に伴って、シンゲル400番からプリンセンフラハト263番地に事務所の引っ越しをしていた。この新社屋が後に、アンネたちの隠れ家になった。

り25ギルダー）などの報酬が与えられました。この酒とつまみと小遣い程度のお金が欲しくて密告がけっこうあったとされています。

隠れていたユダヤ人はその場で殺してはならないが、匿っていた非ユダヤ人はその場で殺してもよいとされ、1人いくらの報奨金を増やすために、匿まった家族を皆殺しにする事件さえありました。

◆隠れ家に隠れた8人

さきほど紹介しましたように、アンネと一緒に隠れ家に身を潜めたのは、アンネの家族4人と、ファン・ペルス一家（ヘルマンさん、妻のアウグステさん、息子のペーター）の7人でしたが、4カ月遅れて、歯医者さんのフリッツ・ペッファーさんが加わりました。

隠れ家に身を隠した8人を簡単に紹介しておきましょう。

◆アンネの家族

お父さんのオットー・フランクさんは、このとき53歳。トラフィース商会の重役の名簿から名前ははずしてありましたが、それまでと変わらず顧問と

ヘルマン夫妻（©Anne Frank Fonds - Basel / Anne Frank House / ゲッティイメージズ）

しての仕事をしていました。

お母さんは、このとき42歳。

お姉さんのマルゴーは、16歳。ギムナジウム*の学生でした。相変わらず、優等生でした。

アンネは13歳。ユダヤ人中学校に通っていました。成績はそこそこでしたが、人なつっこい性格から友だちも多く、何人かのボーイフレンドもいました。

◆ヘルマンさんの家族

ヘルマンさんの一家は、1937年にドイツを脱出して、アンネの家の近くに引っ越してきました。アンネの日記にはファン・ダーン一家と変名で書かれています。

ヘルマンさんはソーセージなどに入れるスパイス（香辛料）の専門家で、オランダに近いドイツの地方都市、オスナブリックで手広くソーセージ原料を扱った会社を手がけていました。

アムステルダムにやって来てからは、アンネのお父さんとオペクタ商会の事業をいっしょに進めるようになりました。ヘルマンさんの参加によって、ペ

＊ギムナジウム：中高一貫校。

ペーター（©Anne Frank Fonds - Basel / Anne Frank House / ゲッティ イメージズ）

クチンだけでなく、年間を通して商えるスパイスの取り扱いをはじめたので、会社の将来は明るいと思われていました。

ヘルマンさんの奥さん、アウグステ・ファン・ペルスさんは、陽気でおしゃべり好き、世話好きな女性でした。

ヘルマン夫妻の一人息子であるペーターは、アンネより3歳年上の16歳。黒髪でがっしりとした凛々しい少年だったとミープは回想していますが、『アンネの日記』には、「ちょっぴりぐずで、はにかみ屋」の男の子だったと書かれています。「ムッシー」という黒いオス猫を連れ、一家は1942年7月13日に隠れ家にやってきました。

◆フリッツ・ベッファーさん

フリッツさんは、アンネのお父さんと同い年で、ベルリンから逃げてきたユダヤ人の歯医者さんでした。アンネの日記では「デュッセル」と変名で書かれています。1942年11月16日に隠れ家生活に合流しました。

ナチスの禁止令によって、ユダヤ人の職業がつぎつぎに奪われていく中で、歯科医は当時もユダヤ人に多くの需要がありました*。名門ベルリン大学*で学ん

*ユダヤ人には、財産を金や宝石にする習慣があり、それらを歯を削って隠し持つ方法があった。そのためもあって、腕のいい歯科医の需要は高かった。

***ベルリン大学**：森鷗外や北里柴三郎らも留学したドイツの名門大学。

フリッツ・ベッファーさん（©Anne Frank Fonds - Basel / Anne Frank House / ゲッティイメージズ）

だフリッツさんでしたが、ナチスの政策で医師免許を取り上げられてしまい、その後はもぐりで仕事をしていました。アムステルダム市内でもユダヤ人狩りがおこなわれており、フリッツさんも隠れ家を探していました。そこで、フリッツさんの元に治療に通っていたミープさん*に、身を隠す相談を持ちかけ、ミープさんの仲介によりアンネたちとの共同生活をはじめることになりました。じつは、フリッツさんはアンネのお父さんとも知り合いでした。

◆隠れ家生活を支えた人びと

８人の隠れ家での生活を直接援助したのは、お父さんの会社、トラフィース商会に勤める信頼のおける従業員などでした。事務員のミープさんと夫のヘンクさん、ミープさんの同僚のエリザベト・フォスキュイルさんとそのお父さんハンス・フォスキュイルさん、長年トラフィース商会で働いているビクトル・クーフレルさん*と、１９４０年プリンセンフラハトの新社屋に移ってから正式に入社したヨハンネス・クレイマンさんの献身的な支えで隠れ家生活は成り立っていました。

*ユダヤ人の医師にかかることは違法だったが、ミープさんは信頼していたフリッツさんの元へ通いつづけていた。

*ビクトル・クーフレル：日記にはクラーレル。几帳面でまじめな性格。

左からミープさん、クレイマンさん、お父さん、クーフレルさん、エリザベトさん（©Anne Frank Fonds - Basel / Anne Frank House／ゲッティイメージズ）

◆前日に起きたこと

アンネは日記に「日曜の朝からいままでに、何年もたってしまったような気がします」（1942年7月8日）と書いています。その日曜日こそ、アンネの家族の運命の日でした。

夏休みがはじまったばかりの42年7月5日、アンネの家に配達証明郵便が届きました。「ユダヤ移民センター」を差出人とするこの封筒を見たお母さんは、全身が凍りついたように感じました。ついに来るべきものが来たのです。しかし、宛名を見て2度驚きました。てっきり夫への呼び出し状と思っていたその手紙が、娘のマルゴー宛てのものだったのです。

このとき、ナチス占領軍の軍政部はユダヤ人の少年少女宛てに一斉に召喚状を出していたのです。それは、「ドイツでの勤労奉仕を命じる。ユダヤ移民センターに出頭せよ」という内容でした。

手紙には、冬服、毛布などと書かれた携行品リストがありましたが、センターに出頭すれば、オランダ北東部にあったヴェステルボルク通過収容所*を経て、

＊ヴェステルボルク通過収容所：オランダとドイツの国境付近にあった通過収容所。通過収容所には、逮捕された人びとが強制収容所や絶滅収容所に送られるまでの中継地点として収容されていた。学校や診療施設、スポーツ施設などもあった。ヴェステルボルクはオランダにはめずらしく、もともと陸地だった。オランダではもっとも古くから人間が住んだ場所といわれている。しかし、中世以降は過疎化が進み、収容所が建てられる頃は、極端に人口が少ない土地だった。

やがて強制収容所に送られてしまいます。

アンネの一家は、けっして離ればなれにならないことを決めていました。*

お母さんは何事もなかったように手紙をしまうと、お姉さんに向かって「お父さんに呼び出しが来た」と話し、すぐにヘルマンさんの家に向かいました。家を出る前「絶対パパを行かせない」「だれが来ても絶対ドアを開けないように」と言い残すことを忘れませんでした。

じつは、隠れ家に移る日は、手紙の来た日より11日後の7月16日と決めてありました。引っ越しの準備はまだ整っていないけど、道は1つ。明日までに身を隠すしかありません。マルゴーが出頭すれば収容所行きは確実です。出頭しなければ、この家が襲われ一家全員逮捕される危険がありました。

お母さんはヘルマンさんを連れて家に帰ってきました。お父さんも外出から帰ってきました。お父さんは何事もなかったように落ちついていました。

お父さんたちから隠れ家に身を隠す話を聞いたアンネは、「隠れ家ってどこ、どんなとこ」と聞きましたが、お父さんは「安全な場所だよ。一家全員いっしょだ。約束どおり。明日わかる」と答えるだけでした。

＊40年3月、イギリスに住むお父さんの親せきでチェロ奏者として成功していたミリーさんからせめてアンネとマルゴーだけでもこちらに来なさいと親切な申し出があったが、それを断っている。

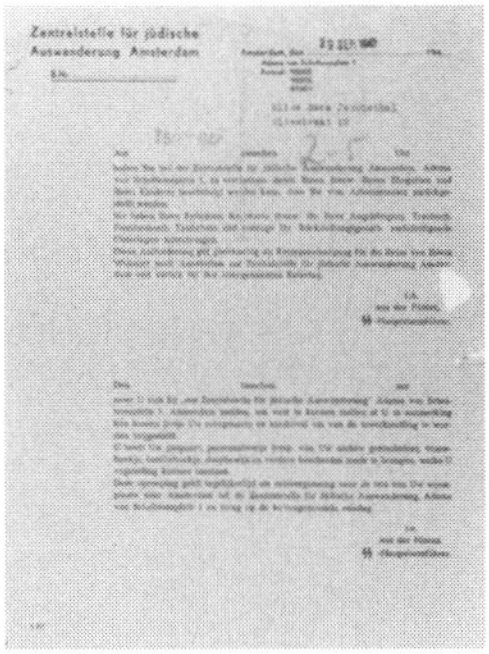
Zentralstelle für jüdische
Auswanderung Amsterdam

「ユダヤ移民センター」からの手紙。写真はハイルド・ヤコブスタールという人に届いたもの（©USHMM）。

「身を隠す――でも、どこに隠れるんでしょう。町かしら、田舎かしら。一戸建ての家かしら、それともコテージかしら。いつ、どんなふうに、どっちへ？……疑問が山ほどあって、それは口には出せませんでしたけど、そのことを考えずにいるのは無理でした」（1942年7月8日）とまだ何も知らなかったときの心境をアンネは日記に書いています。

その夜、ミープさんと夫のヘンクさんはいつも通りご飯を食べ終えて、片付けなどをしていました。そのとき、普段の日曜日にはほとんど鳴らないアパートの呼び出しのベルが鳴りました。アパート中に緊張が走りました。

「ひょっとすると、ドイツ軍からの呼び出しかもしれない……、家宅捜査かもしれない……」。よからぬ想像で頭の中をいっぱいにしながら、ミープさんがヘンクさんとすばやく玄関へ出ました。

そこには、ヘルマンさんが立っていました。

「すぐ来てくれ」。「マルゴーに出頭命令が来た。オットーたちはすぐ身を隠すことにした。急いでオットーの家に行って必要なものを受け取ってきてもらいたい。まだ準備が完全に整ってはいないのでね」とヘルマンさんは、押し殺した声でアンネのお父さんから受けた伝言を伝えました。

お父さんからあらかじめ隠れ家のことを聞き、また、その面倒を見ることを約束していたミープさんとヘンクさんは、レインコートを引っかけて、アンネの家に向かいました。真夏の暑い夜でした。

2人がアンネの家に着いたとき、そこではほとんど言葉が交わされることはありませんでした。みんな気が動転していたし、家中、恐怖と不安で埋もれていました。アンネのお母さんが渡す衣類などをミープさんとヘンクさんが受け取り、ポケットに詰め込んだり、身体に巻き付けたりしました。アンネも自分の身の回りのものやたくさんの大切なものを引っ越しの荷物として準備していました。しかし、お母さんに「そんなには持っていけません」と諭され、たくさんの大切なものをこの家に残していかなくてはなりませんでした。

そうしてまとめられた荷物は、ミープさんとヘンクさんが季節はずれのコートの中に忍ばせて、2度に分けてアパートへ持って帰りました。それらは、後から、隠れ家に運び込むことにしていました。

◆隠れ家に入った1942年7月6日

翌朝のアムステルダムは、どしゃぶりの雨でした。

アンネ一家は、朝5時30分に起きて出発の準備をしていました。4人とも、「まるで北極探検にでも出かけるみたいに」（1942年7月8日）服で着ぶくれしていました。* すると、昨夜打ちあわせた通り、ミープさんが自転車でアンネたちの家に到着しました。

最初にドアを開けて、お姉さんのマルゴーが出てきました。占領軍の供出の命令を無視して隠しておいた自転車で、ミープとお姉さんが一足先に隠れ家に向かうことになっていました。お父さんとお母さんは、不安そうに家の中からミープさんと娘のマルゴーを見つめ、その後ろには、目を丸く見開いたアンネがいました。

ミープさんが「心配ない。この雨が目かくしになるでしょう」というと、お父さんは広場をみまわしながら「わたしたちは昼までには行くから、さあ、早く行きなさい」と、2人をせかしました。

＊アンネの日記には「わたしは肌着を二枚着て、パンツを三枚重ねてはいたうえに、ワンピースを着て、さらにスカートとジャケットを重ね、サマーコートをはおり、ストッキングを二足と、編み上げのブーツをはき、おまけに毛糸の帽子と、襟巻きと――もう数えきれません。おかげで、家を出ないうちに窒息しそうになりました……」（1942年7月8日）と、書かれている。

これから住む隠れ家となる市の中心部プリンセンフラハトにあるお父さんの事務所までは、約4キロの距離がありました（4ページ地図参照）。

ミープさんと「黄色い星」をつけていないお姉さんは、なるべく広場や広い通りなど人に紛れられる道を選んで、自転車を速くもなく遅くもない速度でこぎました。2人の姿は、自転車で出勤する女性という、ごくありふれた月曜日の朝の光景として街に溶け込んでいました。街はミープさんの予想通り、どしゃぶりの大雨が幸いして、人通りが少なく、窓を開けていた家もなく、街角に立つドイツ兵士もあまりいませんでした。

事務所に着いてからも2人はまったく口をききませんでした。ずぶ濡れのまま自転車を倉庫に入れ、扉を閉めました。緊張のほぐれからか、ぐったりしてしまっているお姉さんは、ミープさんに手を引かれながら、急な階段を上がり、3階にある隠れ家のドアの向こうへ入っていきました。

ミープさんは仕事をはじめるために自分の机につきましたが、何も手に付きませんでした。今、隠れ家に向かっているアンネとフランク夫妻のことが気になって仕方ありません。「雨よ！　アンネたちを守ってください」。ミープさんは、ひたすら心の中で願いました。

そのうちにクレイマンさんが出勤してきて、お姉さんの乗ってきた自転車をどこかへ持って行きました。クレイマンさんは何もかも承知していたのです。

昼ごろアンネたち3人はずぶ濡れになって到着しました。ミープさんはすぐに3人を隠れ家に案内しました。アンネは通学カバンを持ち、お母さんのエーディトは買物カゴを持っていたそうです。

◆夜逃げの跡

アンネたちが消えた家の中は、食事の跡はそのまま、寝室のベッドは毛布がめくられたままになっていて、だれの目にもあわてふためいて出ていったように見えました。台所にはアンネの飼っていたネコ用の肉と、その横に「だれか飼ってくださる人に渡してください」とお母さんの置き手紙がありました。

「夜逃げ！」

アンネの家の3階に下宿していたホールトシュミットさん*はリビングに入り、びっくりしてヘルマンさんに電話しています。彼はその前夜10時すぎまで、

***ホールトシュミット**：その時、アンネの家に下宿していた「ユダヤ評議会」の職員。「ユダヤ評議会」とは、占領軍の命令でつくられたユダヤ人の自治組織。

居間をうろうろしていたのですから、一晩で一家が消えたことに驚き、おそれ、おののきました。電話を受けたヘルマンさんは、アンネの家にやって来て、あわてふためいているホールトシュミットさんと家の片付けをしました。下宿人は、「家宅捜索されるのでは……、自分にも累が及ぶのでは……」と不安にかられていました。

ヘルマンさんは机の上の書き置きを見つけると、わざと大げさに「そんなヤバイもの破いてしまえ」といいました。その書き置きにはオランダのマーストリヒトの住所が書かれていました。

「このアドレスで思い出したよ。半年くらい前にドイツの高級将校がフランクさんを訪ねて来たんだ。何かずいぶん親しそうだったよ。フランクさんはドイツ陸軍将校だったから、きっと軍隊のときの仲間だろう。その将校はマーストリヒト駐在だといってた。きっとフランクさんをベルギーかスイスに逃がす手引きをしたんだ。このことを人にしゃべっては駄目だぞ」と、ヘルマンさんはホールトシュミットさんにいいました。しかし、このおっちょこちょいで話し好き、少々トンマでおまけに仕事柄知人が多い人物のせいで、アンネ一家のスイス行きの話は尾ひれがついてたちまち広がりました。

けれど、ヘルマンさんの話したことは、すべてアンネのお父さんのつくったウソ。お父さんの策略は見事に当たり、国内潜伏の疑いをかけられることも、会社への捜索も従業員が調べられることもありませんでした。

◆ハンナさんの話

アンネたちが姿を消した翌日（火曜日）、ハンナさんは親友アンネの家をハカリを借りに訪れています。呼鈴を何度も鳴らしましたが、だれも出てきませんし、ドアも開きません。やっと下宿人のホールトシュミットさんが出てきて、「フランク一家はスイスへ行ったのを知らないのですか？」と告げられました。まったく知らなかったハンナさんは、「私は頭に一撃を受けたように感じました。なぜ彼らはスイスへ行ってしまったのかしら？」（『アンネ・フランク最後の七カ月』）と思ったと話しています。

ハンナさんは、「日曜も月曜もアンネを見かけなかった。電話もないので、幾何の試験で失敗して、留年になってしまい、ひょっとして落ち込んでいるの

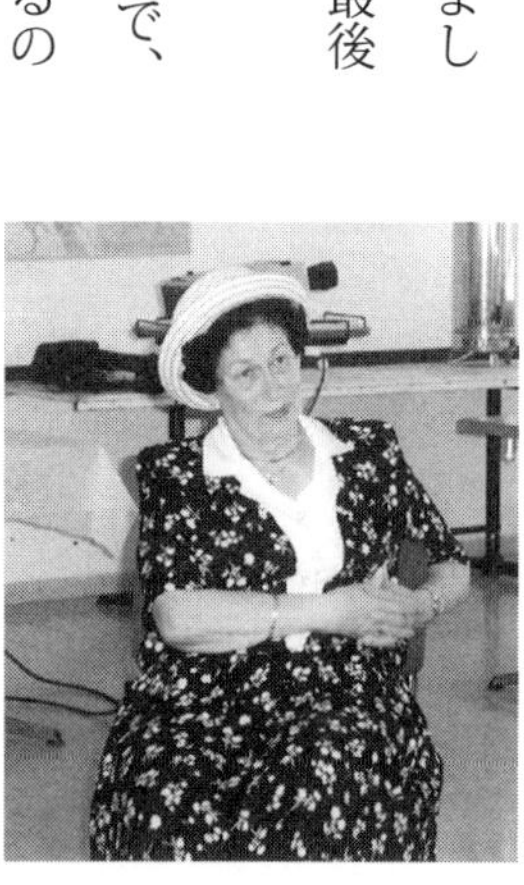
ハンナさん（1999年、エルサレムにて）

ではないか」と心配していたそうです。

「その日は晴れた日でした。この日、母にお使いを頼まれて、アンネの家に行く必要がありました。じつはこの頃、アンネとの間にすき間風が吹いていて、ちょっと1人では行きづらく、ジャクリーヌ*というアンネとこのごろ仲よくなった友だちをさそって行ったのです」

「すき間風とは？」１９９５年に東京でハンナさんにお会いしたとき、私の尋ねた質問に「2人ともボーイフレンドができました。それに、みんながあこがれたジャクリーヌさんと友だちになったので、私は少しひがんでいました。やきもちだったのです」と、答えてくれました。

それにしても、なぜアンネのお父さんは家族ぐるみの付き合いがあり、アンネ姉妹とも大のなかよしだったハンナさんの家族を隠れ家で一緒に身を隠す相手に選ばず、ヘルマンさんの一家を選んだのでしょうか？　この質問にハンナさんはとても冷静に答えています。

「まず第一に、私には2歳の小さな妹がいたこと、小さな女の子と一緒では潜伏ができなかったことです。『アンネの日記』には彼女らが水洗トイレを流

***ジャクリーヌ**：日記にはヨーピー。お母さんはフランス人でブティックの経営者だった。

せず、晩にのみ少しばかり自由に動くことが許されたと書いてあります。そのような規制はもちろん2歳の子どもにとっては不可能です。

第二の理由は、私の母が妊娠していたこと*、妊娠中の女性は潜伏には適していないということです。だから私たちは彼らのしたことをけっして悪くとりませんでした」(『アンネ・フランク最後の七カ月』)と話しています。

このアンネの生涯の親友ハンナさんもお父さん、妹と一緒に逮捕され1943年6月20日、ヴェステルボルク通過収容所へ輸送され、ハンナさんと妹は孤児院へ収容されました。44年2月15日にベルゲン=ベルゼン強制収容所*に移送され、アンネに再会しますが、極限の状況を奇跡的に生き延び、戦後はエルサレムに移住しています。私は95年東京で、99年にはエルサレムで彼女に会って、アンネとの友だち付き合い、この本の最後でも紹介する強制収容所の最後の出会いの話を聞きました。


*この出産は死産で、母子ともに亡くなってしまった。

＊ベルゲン=ベルゼン強制収容所：141ページ参照。

第6章　25カ月、隠れ家のアンネたち

アンネたちが25カ月間隠れ住んだ家。
現在は「アンネ・フランクの家博物館」として
公開されている。

◆隠れ家選びはクレイマンさんのアイデア

当時、ユダヤ人や政治的亡命者、レジスタンスのメンバーは農村に身を潜めているのが普通でした。オランダの農家は、屋内にブタを飼うために入り組んだ特別なつくりになっています。食料も手近から確保できますし、作男《さくおとこ》や手伝いの女性とごまかすこともできます。都市の住民が空襲や食料の不安などで、子どもを農村に疎開させることも多く、それに紛れ込むことも不可能ではありませんでした。しかし、8人が1カ所に身を隠すとなると、とてもむずかしいのです。そんな中、市街地に隠れるというアイデアはだれが考えついたのでしょうか。

アンネのお父さんの証言によると、思いついたのは親友のクレイマンさんでした。10年来の付き合いで、何でも相談でき、会社でも共同経営者としてとても信頼していた人物でした。

クレイマンさんは、アムステルダムの古い時代（17世紀）に建てられた建物の特別な構造を利用して、隠れ住むことを提案したのです。それは、ドイツにはまったくない構造でした。

建物は、３００年以上前のもので、かなり傷みがはげしく、窓などに板を打ちつけたりしている家が多く、人が住んでいる気配を感じさせません。通りに面した建物は商店や事務所になっていますが、後ろ側の建物は空き家が多く、ドイツ兵の目をごまかせる、と隠れ家に最適と思いついたのです。

◆隠れ家の中

本章トビラの写真を見てください。ここが、アンネたちの隠れ家となりました。この建物は、４階建てで、図（86ページ）のような間取りになっています。3階と4階の「後ろの家」で8人は寝起きしていました。

当時、左側が家具工場、右側の建物が事務所でした。正面のドアを入ると1階は倉庫と作業室、急な階段を上がると2階は2つの事務室、３階は全室が倉庫、４階が屋根裏部屋でした。ミープさんやエリザベトさんは2階の事務室で働いていました。日中は1階の倉庫に置かれたスパイス類を挽くためのミルがかなり大きな音を立てていました。

2階、3階、4階（屋根裏部屋）の平面図

①お父さん・お母さん・お姉さんの部屋
②アンネとフリッツさんの部屋
③隠れ家のリビングルーム兼ヘルマン夫妻の寝室
④ペーター・愛猫ムッシーの部屋

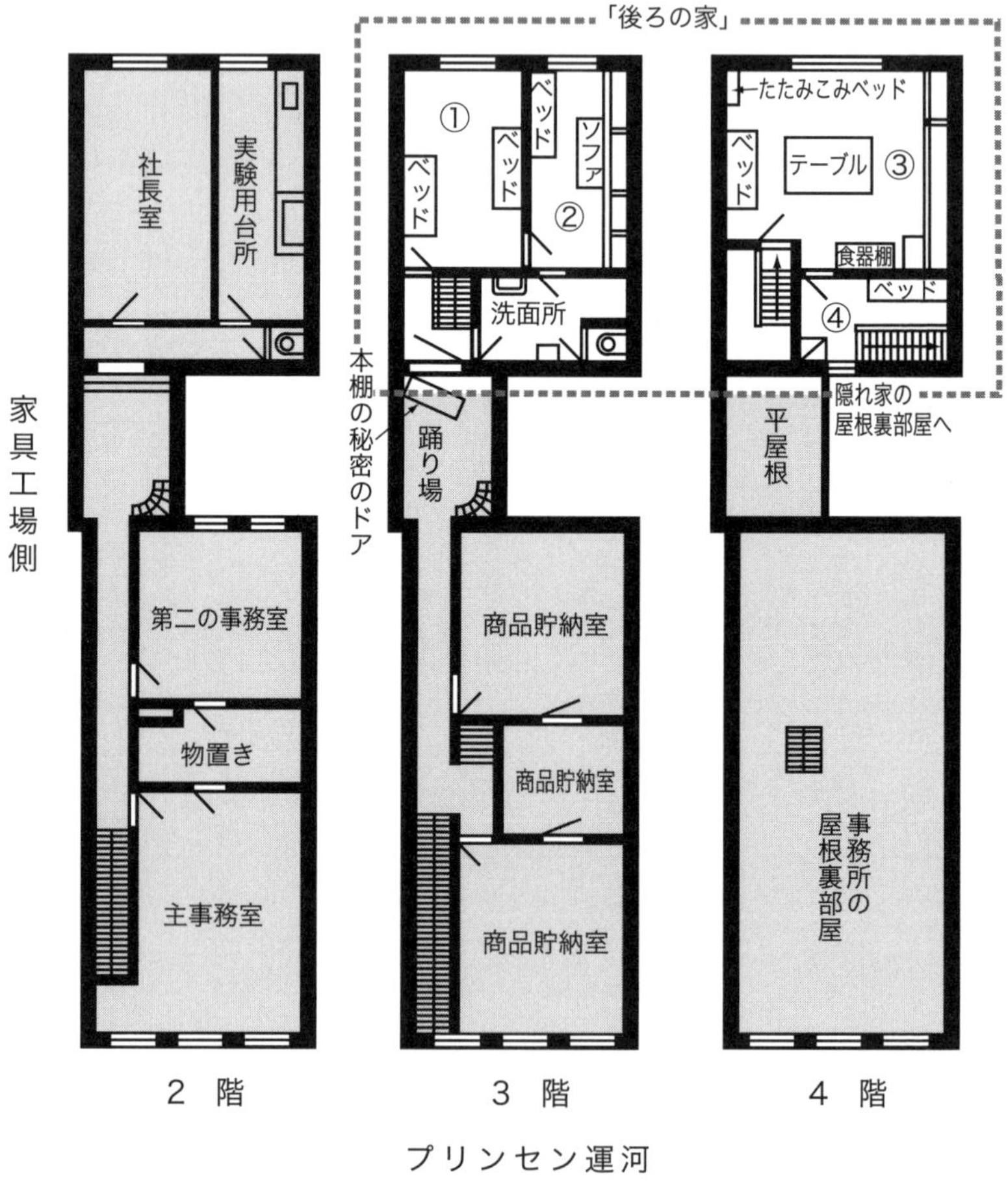

平面図の下がプリンセン運河と道路に面していますが、細長い構造になっていて、後ろにもう1つ別の建物があるのです。「後ろの家」にはドア、あるいは廊下（階段）によって通じています。

これが近世オランダ独特の建物の構造なのです。オランダは、国土の面積が狭く、道路に面した一等地は土地の値段が高いのと、税金が間口の長さにかかるためこのような構造の家になったのです。京都の町屋の「ウナギの寝床」とおなじ理由です。

1635年に建てられたこの建物は、その後何度かの修理で当時の姿を保ち、いまも「アンネ・フランクの家博物館」*として残されています。アムステルダムに行く機会があったら、ぜひ訪れてみてください。

◆隠れ家での生活が始まった

アンネたちが隠れ家に到着したとき、隠れ家には山のようにつみあげられた段ボール箱や家財道具が部屋を占領していました。お父さんやクレイマンさんが、この日までの約1年で、こっそり運びこんでいた生活用品でした。

＊**「アンネ・フランクの家博物館」**‥市民のカンパによって設立され、アンネ・フランク財団が管理・運営をしている。住所はアムステルダム市ザイト地区プリンセンフラハト。アムステルダム中央駅から電車で5分または徒歩15分。見学は有料（7・5ユーロ）。

公開されているアンネの部屋

入口を隠した本棚

3階の「後ろの家」から屋根裏部屋に上がっていく階段

4階の屋根裏部屋、物置き兼ペーターの作業所として使用された

引っ越しから3日間は、家族全員ほとんど食事もとらずに、片付けに追われました。アンネは、当時夢中になっていた映画女優や女王さま、王女さまなどのブロマイドや絵葉書など持ってきていた自慢のコレクションをぺたぺたと部屋に貼ったりして、できるかぎり快適な空間をつくろうとしました。

アンネたちの引っ越しの1週間後にヘルマンさん一家、4カ月後にフリッツさんが合流し、それに応じて部屋の移動などをしながら8人は共同生活を送るようになりました。

フリッツさんが隠れ家に来るにあたって、ヘルマンさんが、隠れ家の暮らしについてまとめた案内書をアンネが日記に収録しています（1942年11月17日）。

◆《隠れ家》の趣意ならびに案内

ユダヤ人および同種の人びとのための仮の住まいとして設けられた特別施設

年中無休——美麗、閑静にして、周辺は緑多く、アムステルダムの中心街に位置する。常住《じょうじゅう》の隣人なし。交通機関は一三系統および一七系統の市電、または自動車あるいは自転車。ドイツ軍に交通機関の利用を禁ぜられたる場合は、特例として、徒歩にても可。家具つき、または家具なしのアパートおよび貸し室を常時提供す。賄《まかな》いつき、外食、いずれも可。
室料および食費——無料。
食事——肥満防止の特別食。
給水——バスルームに設備あり（ただし風呂なし）。なお屋内外各所に給水栓あり。
暖房——完備（薪ストーブ）。
収納——あらゆる種類の物資を保管するにじゅうぶんなるスペースあり。
貴重品入れとしては、近代的な大型金庫二個。
自家用ラジオセンター——ロンドン、ニューヨーク、テルアビブ、その他多くの放送局と直通。午後六時以降は、この設備は当施設居住者の専用となる。いかなる放送局の聴取も制限されないが、ただしドイツ語放送の受信は、クラシック音楽等、特別の番組のみにかぎられる。なお、ドイツ語ニュース放送は、発信地がいずこであろうとも、これを聴取すること、その内容を他に伝えること、いずれも厳禁する。
休息時間——午後十時より午前七時半まで。日曜日にかぎり、午前十時十五分まで。日中も状況が許せば、管理者の指示により、休息をとることが許される。なお公共の安全のため、休息時間は絶対厳守のこと!!
休日――追って通告あるまで、休日の外出は無期限に延期。
使用言語――常時、静かな声で話すことを厳命する。文明国の言語はすべて使用可。したがってドイツ語は不可。
読書と娯楽――学術書ならびに古典文学を除き、ドイツ語の書籍を読むことは不可。これ以外はすべて可。
運動――毎日。
歌唱――午後六時以降、静かに歌う場合にかぎり許可される。
映画――相談に応ず。
学科――毎週一度、速記の講習あり。英語、フランス語、数学、および歴史の講習は随時《ずいじ》。教授料の支払いは、交換条件として他の学科（すなわちオランダ語）を教えることによる。
小型愛玩動物――特別部門。待遇よし（ただし害虫はお断わり）。なお、飼育については許可を要す）。
食事時間――
朝食＝日曜・休日を除き、毎日午前九時より。日曜・休日は十一時半ごろ。

昼食（軽いもの）＝午後一時十五分より四十五分まで。
夕食（冷たいもの／もしくは温かいもの）＝時刻不定（ニュース放送の時刻次第）。
義務――居住者は常時、すすんで事務所の仕事に手を貸す用意がなくてはならない。
入浴――毎日曜日午前九時より、各居住者にたらいの使用が許される。場所は各自の好みにより、トイレ、キッチン、二階社長室および主事務室等を使用できる。
アルコール飲料――医師の処方ある場合にかぎる。
以上

◆おしゃれしたいのに……

8人は、隠れ家ができるだけ自分たちの安住の地になるよう、努めてはいましたが、もちろん不自由はたくさんありました。

例えば、隠れ家に移ってくるときは、洋服も下着も充分な数を用意することができませんでした。おしゃれが大好きな13歳のアンネにとって、自由に服を選べないだけでなく、次第につんつるてんになっていく服、洗濯のできない下着を着古していくことは、苦痛でした。

大人は成長が止まっているから、急に太らないかぎり、着られなくなることはないのですが、日々、体つきの変化していくアンネやお姉さん、ペーターの3人にとっては大問題です。

引っ越し後3カ月ごろの日記（1942年10月7日）にアンネが書き付けたのは、スイスへ行ってとことん服を買う空想でした。たまにミープさんやエリザベトさんの買ってきてくれる靴や服は本当にうれしいプレゼントでした。

◆大きな音は厳禁です

人が生活をしているとごみが出ます。大小便、歯みがきや入浴、洗濯の排水、食料を入れた包装紙や容器、野菜の皮や芯など食べられない部分を処理しなければなりません。燃やせるものは、集合煙突なのであやしまれることなく燃していましたが、トイレや入浴などは下の階に音が伝わるので、昼間は細心の注意が必要でした。

隠れ家の前を流れているプリンセン運河。

不審な音を聞かれてはまずいので、訪問する会社のお客さんや、ときどき入る泥棒にも注意が必要でした。８人が隠れていた「後ろの家」の電気、ガス、水道料金はオランダでは家賃に含まれるのが普通で、検針員が月々訪問するようなことはありません。もし、日本のように毎月検針員が住宅を訪れるシステムでは潜んでいることがわかったり、８人分の使用量が急に増えてあやしまれていたかもしれません。

右隣りも事務所でしたし、左隣は家具工場が大きな音を出していました。隠れ家の下の倉庫ではミルがすさまじい音を立てていましたので、昼間は８人の気配がカバーされていました。夜になると会社の人たちが帰ってしまい、無人になりました。オランダの人はよほどのことがないかぎり残業をしませんから、会社の界隈は人がいなくなります。ちなみに、オランダの人が残業をしないのは、いまもむかしも変わりません。

◆食料調達には身分証明と配給切符が必要

ごみと反対にどうしても必要なのが、食べ物です。ナチス・ドイツの占領下だったオランダ国内の食料や生活物資は供出させられ、ドイツに送られていました。食料は配給制*になっていて、占領軍当局が発行した配給切符と引き換えでしか手にはいりません。現在の日本のようにお金を払えばなんでもスーパーで手に入るというのではないのです。

配給切符は、役所に行って身分証明書を見せると、割り当て分をもらうことができました。しかし8人はユダヤ人の逃亡者ですから、役所に行くことはできません。ユダヤ人の身分証明書には、すべて「J」マークが付いていて、一目でユダヤ人だとわかるものだったのです（99ページ参照）。

そこで、ミープさんの夫ヘンクさんが8人全員の身分証明書を預かり、それをレジスタンスの連絡員に提示して、組織から偽造された配給切符を入手していました。しかし配給切符を確保できたからといって、一度にもらった配給切符で、多量に買い置きをしておくことはできませんから、だれかに隠れ家まで定期的に運んでもらわなくてはなりません。それどころか、人数分の食料の確保はむずかしく、お腹いっぱい、あれも食べたい、これも食べたいという希望が満たされないことはいうまでもないことです。

***配給制**：戦争中は、まず、軍隊が食べる食料を確保することが大前提になり、一方では農家の働き手が兵隊に取られるので、農漁業の生産が大幅に落ち込み、食料輸入が途絶えるので、食料も含めすべての生活物資は、国家が管理する「配給制」がおこなわれる。この配給制は、日本の戦争中も例外ではなかった。

「朝食は、バターも塗らないぱさぱさの食パンと、代用コーヒーだけ。夕食にはホウレンソウかレタス、それが二週間もつづいています。……ダイエットをご希望の方は、どなたもわが《隠れ家》にどうぞ！」（1943年4月27日）

などと、アンネはユーモアたっぷりに書いていますが、食料の話題はたびたびされますので、日常の中で不満を感じていたことが想像できます。

この他、ヘンクさんは知人の貸本屋や図書館を利用して、8人が隠れ家で読む本を差し入れていました。これは後の話になりますが、隠れ家が発見された後、荒らされた室内に入ったヘンクさんは即座に本をかき集めて持ち帰りました。それは、本の借り出し記録からヘンクさんの関与が疑われるのを避けるためでした。本は食事と同様、隠れ家の生活では不可欠なものでした。とりわけ、作家やジャーナリストになる希望を持っていたアンネにとって、重要なものだったのです。

◆食料はアリが巣に運び入れるように

ヘンクさんが手に入れる配給切符を使って、食料を調達してくれるのはク

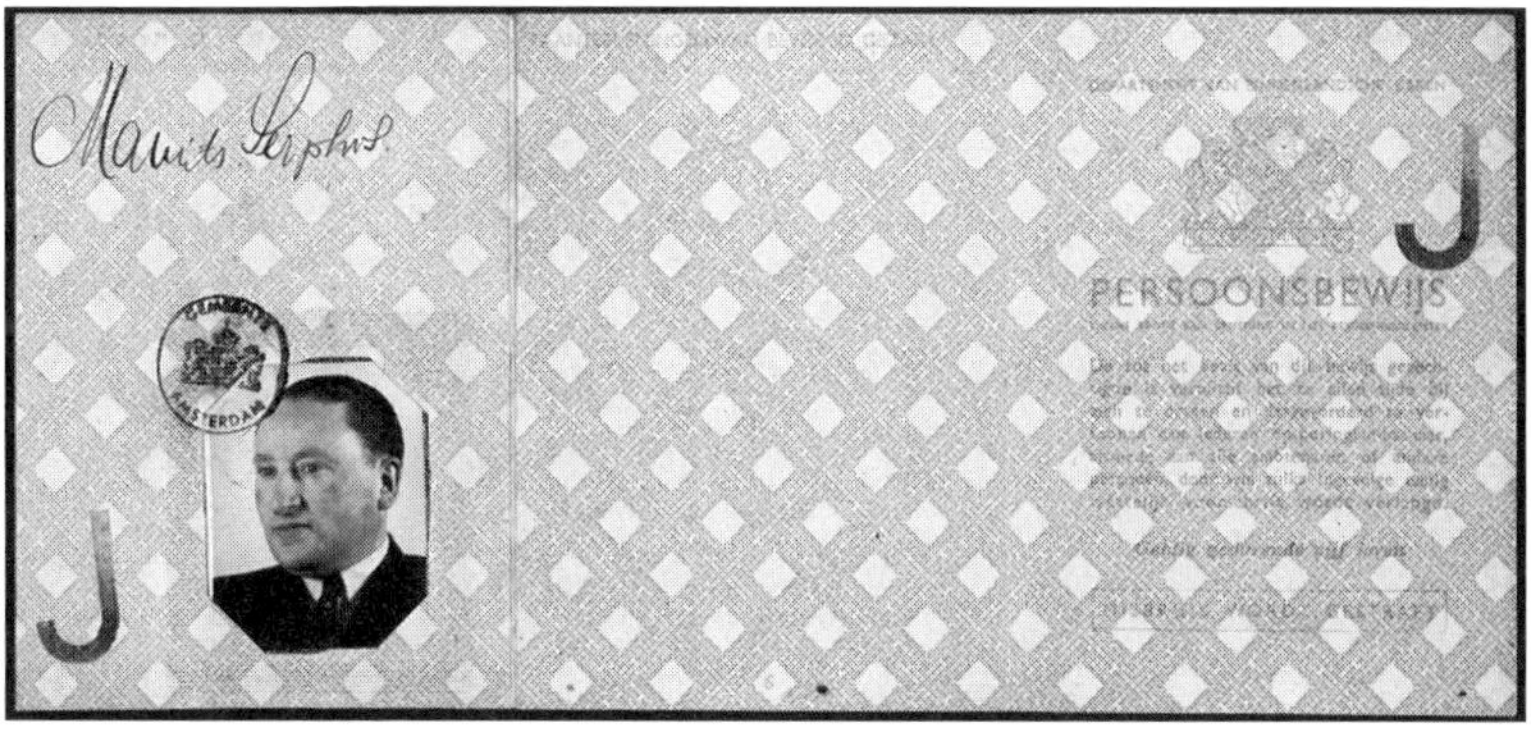

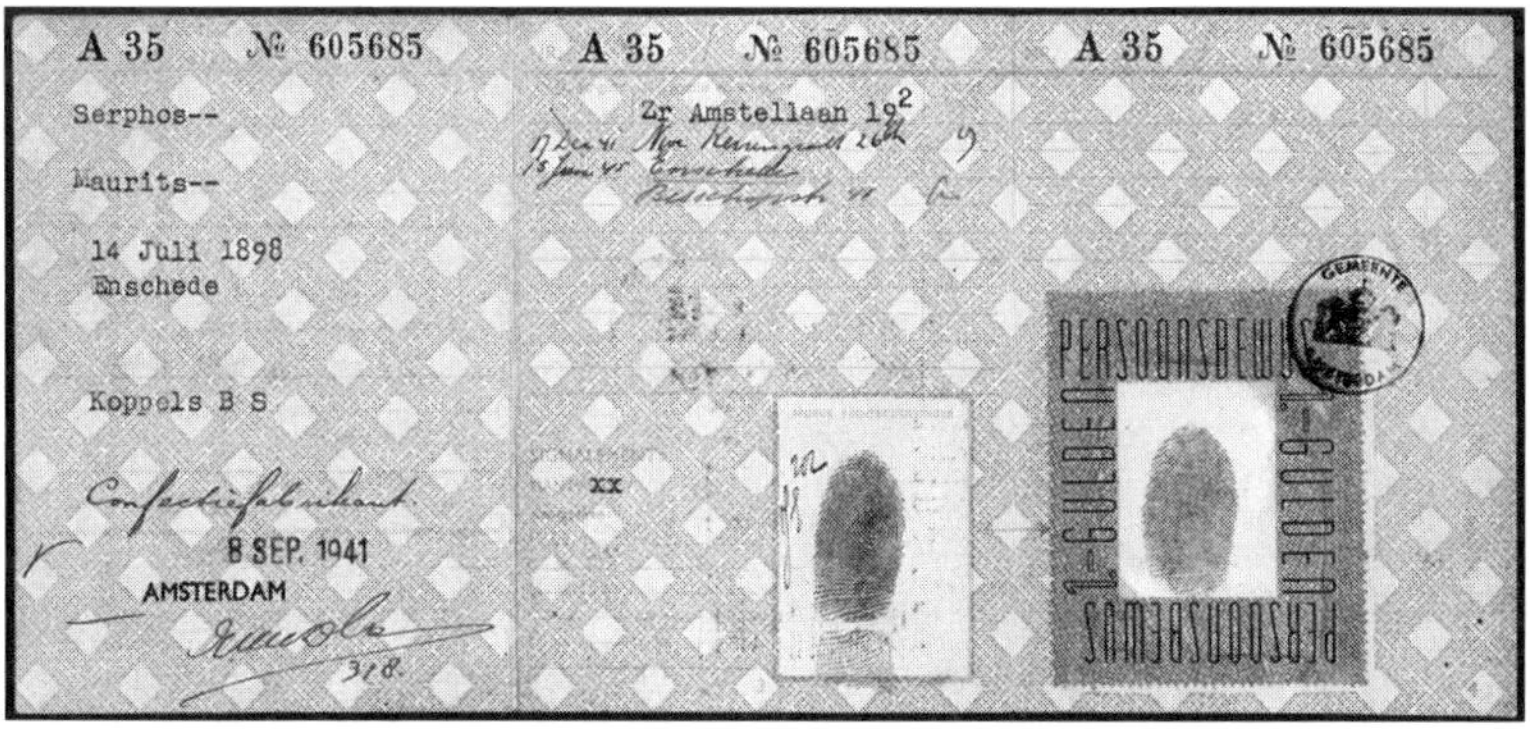

「J」マークの付いたユダヤ人の身分証明書。写真はマウリッツ・サフォスという人物。（©USHMM）

レイマンさんやミープさんやヘンクさん、エリザベトさんでした。しかし、食料を運び入れることもひと筋縄にはいきません。

隠れ家の準備をしていた1年間に、お父さんとクレイマンさんは保存できる干し豆やびん詰、缶詰などを買い置き、少しずつ事務所に運んでいました。それこそアリがエサを巣に運ぶような気の長い作業でした。この保存食がいざというときに役に立ちました。

主食となるパンは、クレイマンさんが友人のパン工場から手に入れていました。配給切符が足りないときも多めに渡してくれました。牛乳は、エリザベトさんが入手して、事務所に届くようになっていました。小さな事務所に、毎日8人が飲むほどたくさんの牛乳が届くなんて、配達の人が怪しむのではないか？　と思うかもしれません。じつはオランダ人は、食事のとき、水のかわりに牛乳をガブ飲みします。1食に1リットルくらいも飲むこともあります。配達の人も大量の牛乳は事務所の人たちのものだろうと、とくに不思議がることはありませんでした。

肉類の調達は、ミープさんの役割でした。ローゼンフラハト通りの肉屋さんにヘルマンさんの書いたメモを持っていくと、ご主人が黙って肉を包んで渡してくれたのです。この肉屋はヘルマンさんの友人でした。ヘルマンさんは、身を隠すまでに何度も雑談がてらミープさんを連れて行き、このときのために肉屋に顔を覚えさせ、協力を依頼しておいたのです。

　野菜はレリーフラハト通りの小さな八百屋さんにミープさんが買いに行っていました。八百屋の主人ファン・フーフェンさんは、ミープさんが行くと陰から野菜を出してくれました。この八百屋の主人は、じつはレジスタンスのメンバーで、この地域のリーダーでした。後に、ファン・フーフェンさんは自宅にユダヤ人2人を匿まっていたことを密告されて、逮捕されてしまいます。

　ファン・フーフェンさんの逮捕は、アンネの心にも大きなショックを与えたようで、その日の日記にこう記しています。「いまや世の中の秩序は逆転してしまいました。もっとも尊敬されるべき人たちが、強制収容所や監獄、寂しい独房にほうりこまれ、残った人間のくずどもが、老若、貧富を問わず、国民全体を支配しています」（1944年5月25日）

　1983年、私はアムステルダムでアニー・アーバリンクさんという女性に

アムステルダム南地区のレジスタンス組織のリーダーだったアニーさん（前列中央、右端は著者）。戦後はオランダ共産党の国会議員になった。

取材をしたことがあります。アニーさんは、潜伏する人びとを支援するレジスタンス運動のアムステルダム南地区の責任者だった人で、八百屋のファン・フーフェンさんとも懇意にしていました。

「八百屋の主人はレジスタンスの同志でした。主人から、トラフィース商会の事務所の裏部屋にはかなりの人数のユダヤ人が潜んでいるらしい、と報告を受けました。私は、あなたの商売の延長として支援するようにとアドバイスした」とアニーさんは教えてくれました。

そうして運ばれてきた食料などは、ミープさんが事務所の中に隠しておき、チャンスを見計らって、3階の隠れ家に運び込みました。そのチャンスは、昼休みにやってきます。事務所の従業員はみんな家に帰って食事をしますので、彼女1人が残るのです。

また、事務所の人たちが帰っていった夜も運び入れのチャンスです。八百屋がジャガイモを手押し車で運んできて、戸棚に入れておいてくれれば、ペーターがそれを担いで隠れ家に運びました。

第7章 隠れ家での人間模様

物置き兼ペーターの作業場として使われた屋根裏部屋。
アンネはこの部屋でペーターと話をすることに、
喜びと楽しみを感じるようになった。

◆マルゴーお姉さんとアンネ

お姉さんのマルゴーは秀才でした。おまけに美人で、生活態度もいわゆるお利口さん。幼稚園から高校まで、先生や周りの大人たちからちやほやされる模範生でした。彼女なりの夢と野心もありましたが、個性などはけっして表に出さず、少なくとも表面は従順にふるまい、周りから期待される「少女らしい」少女像を演ずることができる少女でした。

お姉さんは、将来聖地エルサレムへ行き、そこで乳児の世話をする看護婦さんをしたいといっていました。しかし、アンネはその夢に対して、「狭い、窮屈な世界」（１９４４年5月8日）となじりました。そして、そんな優等生の姉をやっかみます。「ママはなにかというとマルゴーの味方をします」「ふたりともくたばれと言ってやりたい」（１９４３年10月30日）

アンネには、日頃から自分が母親からお姉さんほど愛されていないという不安感や嫉妬心がありました。

お姉さんは、アンネの嫉妬心や非難を感じないほど鈍感ではありません。隠れ家の窮屈な人間関係にイライラを爆発させるアンネに対して、小さな妹として慈しみます。アンネは、お姉さんからやさしさにあふれた手紙をもらったことを「キティー」に報告しています。２人は姉妹として支え合って暮らしていました。

◆ヘルマン夫妻とアンネ

ヘルマン夫妻は、２人ともそれほど教育程度が高くなく、気に入らなければあたりかまわず夫婦ゲンカ、仲直りすればベタベタ甘え合う庶民のおじさん、おばさんそのものでした。いいかえれば自分の気持ちに正直で、心の中をさらけ出すことが多かった夫婦でした。

しかし、アンネにとってこの2人は、相手のことを考えずに、自分の考えを押し付けてくる付き合いにくい夫婦でした。とくにおばさんのことは、「すごいお天気屋」（１９４2年9月27日）と紹介しています。

アウグステおばさんは底抜けにお人好しで、親切な愛すべき人物でした。でも、それがしつこい干渉となり、うるさがられるのですが、本人は気づかないのです。アンネは自分の価値観を押し付け、しつこくアンネの言動に事細かく口をはさんでくるおばさんにとくにイライラを募らせていました。

８人の中で最年少だったアンネは、大人たちから小言をいわれることがとくに多かったようですが、どんなに腹が立っても逃げる場所がありませんでした。家出なんてもってのほか、同じ境遇の友人たちとグチの言い合いすらできないのは、とても辛いことです。

でも、子どものクセに妙に大人びた口をきいたかと思うと、やはり子どもっぽく自分勝手に周りに当たり散らすアンネに真正面から批判されては同居の大人たちはたまったものではなかったことでしょう。

◆歯医者のフリッツさんとアンネ

フリッツさんもお父さんとおなじ年齢で、隠れ家の住人の中では唯一独り身でしたが、ロッテさん*という熱愛する恋人がいました。ロッテさんは、19歳も年下でブロンドの髪がかわいらしいドイツ人でした。

フリッツさんとロッテさんは、ナチス・ドイツの定めたニュルンベルク法*に

***ロッテさん**：本名シャルロッテ・カレッタ。戦後、ドイツ政府に亡きフリッツとの結婚を認めるように請求、裁判の後に晴れてペッファー夫人となる。

***ニュルンベルク法**：１９３５年制定（24ページ参照）。

よって、正式には結婚できずにいました。ニュルンベルク法では、ユダヤ人とアーリア人の結婚を禁止していたからです。

2人はフリッツさんが隠れ家に身を隠してからも、ミープさんを介して毎週のように手紙や小包のやりとりを続けていました。しかも、小包の中には反ナチスの本などが入っていました。万が一、このやりとりが当局に見つかってしまうと、隠れ家全員を危険にさらすことになるため、アンネのお父さんは、たびたびこのやりとりをやめるように注意していました。

現実に、フリッツさんに頼まれた本をミープさんが隠れ家に運ぶ途中、ナチス親衛隊*の車とぶつかりそうになるような、危機一髪の事態*もありました。

しかし、この文通はしばらくの間やむことはありませんでした。ロッテさんからの誕生日プレゼントをフリッツさんがうれしそうに並べ、もらった食べ物をこっそり1人で食べていたことを、アンネは日記に「まったく、年甲斐もない。ばかみたい！　だいたいこのひとが飢える心配なんてありっこない」(1943年5月1日）と、皮肉を込めてチクリと書いています。

そもそも、アンネが日記でフリッツさんにつけた変名の「デュッセル」とい

＊ナチス親衛隊：略称＝SS。もともとヒトラーの護衛を目的とした組織だったが、のちにその権力を大きくしていき、ドイツ国内の警察機能や占領地の治安維持、強制収容所の管理などをおこなうようになった。

＊このときのことは、1943年8月10日のアンネの日記に詳しい。それによると、このときのフリッツさんが頼んだのは、イタリアの独裁者ムッソリーニを批判した内容の発売禁止になっている本だった。

うのは、ドイツ語で「まぬけ」「トンマ」の意味です。突然、自分の部屋に転がり込んできて、同じ部屋で生活をすることになったこのおじさんが、アンネには目ざわりで仕方がなかったのです。もっともアンネの癪《しゃく》にさわったのは、自分のことを幼い子どものように扱われることでした。フリッツさんは、ドイツの田舎町の伝統的なユダヤ人家庭に生まれました。家では父親が一番えらくて、強いのだという家父長的な考え方を持っていて、大人にたいして子どもが自由奔放に振る舞うことを我慢できない人でした。

おまけに名門大学出身のインテリで、いつも尊敬される立場にあったフリッツさんの目には、思春期のアンネのことが、小生意気な少女の反抗としか映らなかったのでしょう。しかし、大人への成長をとげていると自覚する本人にとって、それは我慢しがたいものであり、時に2人は大激突していました。

隠れ家の7人はだれも知りませんでしたが、フリッツさんにはアンネとおなじ年頃の一人息子がいました。離婚した妻との間の子どもでしたが、男手ひとつで育て、全財産をはたいて息子だけイギリスに送り出していました。息子のヴェルナーさんは、実母が収容所で殺害され、父は消息不明、頼りにしていた叔父は戦時中に亡くなり、まったくの孤児になっていました。

ヴェルナーさんは1945年、難民としてアメリカに渡り、ピーター・ペパーと改名し、カリフォルニアで働いていました。あるとき『アンネの日記』で父親のことが悪く書いてあることを知って、アンネのお父さんに抗議の手紙を出したことから、オットーさんやミープさんとの交際が始まりました。

ヴェルナーさんは、1995年にガンでなくなっています。

◆お母さんに対するイライラ

だれにでも経験があるかと思いますが、家族の人間関係はとてもむずかしいものです。世間にはまれに「一卵性母子」なんていわれるほど仲良しの母娘もありますが、自主独立の気分の強いオランダの教育を受けて育ったアンネは、いくらかべたつき気味の親子関係を求めてくる母親に反発していました。

両親の結婚に対しても、「愛していないのでは」と疑念を抱き、八つ当たり気味の手きびしい批評を日記に書きつけています。この記述は、5枚のバラバラの紙に書かれていました。このメモは後年、お父さんが友人の弁護士に預けていました。そして、出版のときもお父さんの指示で削除されています。[*]第1章で、アンネの両親の家庭を紹介しましたが、アンネは両親の結婚の理由をお母さんがお金持ちの娘だったからだ、と考えていたようです。

でも、ひと回りも年齢差のある夫婦が新婚ホヤホヤでもないのに、熱烈な恋愛感情を結婚しても持ち続けるというわけにもいかなかったでしょう。ましてや危険と隣り合わせの緊張した日々ですから、そうそう夫婦でベタベタしてはいられません。ですがアンネには、もっと両親がお互いに愛情を表しあってほしいと不満だったのです。アンネの中には恋愛と結婚生活について、少女らしいロマンチックなあこがれや愛情への過剰な期待と飢餓感があり、このような感情が生まれたのでしょう。アンネが、時として、母親に対して理不尽とも思える軽蔑や罵倒の言葉を投げつけてしまうのは理性ではおさえきれない感情があふれ出たときでした。

男性中心社会の日本に育った私には双方のいらだちが理解できます。日本では子どもは常に数歩引っ込んでいなければいけないし、そのことで、とても不満を感じることがありました。しかし、私はその分仲間うちで大いにストレス

＊日記の一部を削除したことについて、アンネやオットーさんに対して都合の悪いことが書かれた5枚の日記が「隠された真実」であると批判する人が出てきた。しかしアンネ・フランク財団発行の『アンネの日記』（日本語版では『アンネの日記・研究版』）で、「遺族関係者の申し出により5枚削除」とはっきり記載されており、批判はお門違いで、マスコミのセンセーショナルな発表にすぎない。

を発散してきました。それでも、不幸を喜ぶわけではありませんが、隠れ家から一歩も出られないこんな不自然な状況下であったからこそ、屈折した思いや不満が「日記」として結晶したことは間違いありません。

◆ペーターを愛するようになったアンネ

ペーターは、アンネより3歳上で隠れ家に身を隠したとき、16歳でした。単純な父親、移り気で軽薄な母親は愛する息子を教育でみがき上げようなど考えず、自然に任していました。

最初のころのペーターに対しては、「あんまりおもしろい遊び相手にはなりそうにありません」（1942年8月14日）とアンネは、関心を示しませんでした。少しませていて、大勢の男の子からちやほやされてきたアンネは、女の子の扱いに慣れていない不器用なペーターにいらだちを感じたのです。

知性はほどほどでも、ペーターはなまけ者ではなく、誠実で、隠れ家の暮らしに必要な力仕事も細々した大工仕事も懸命にやりました。アンネのお父さんはペーターの学習意欲を感じ取って、進んで勉強の手助けをしています。お父さんの指導でペーターは英語、フランス語を学んでいます。

知性豊かで、忍耐強いアンネのお父さんやお母さん、インテリの歯医者さんと狭い隠れ家で暮らすのだから、両親が気まぐれで知性に欠けていることを見せつけられて、ペーターは劣等感を持って生活していました。

隠れ家生活も日が経つにつれて食べるものが少なくなり、お金も底をつくと、空腹や栄養不足もあったと思いますが、8人それぞれの関係に溝ができ、よそよそしくさえなっていきました。そんななかで、アンネは自分の気持ちや考えを話す相手にペーターを選ぶようになり、ペーターのいる屋根裏部屋に通うのを日々の楽しみとし、やがてペーターを異性として意識し、ペーターから愛されたいと望むようになりました。そうして自由な生活であれば誕生しなかったであろうカップルが生まれました。

人を愛し、愛されることがどれほどアンネの精神的成長をもたらしたことでしょう。自らを客観的にとらえることができるアンネ自身は、自分が成長していることを実感していました。アンネが残した恋心のかけらを紹介します。

「もしかすると、わたしだけを特別な目で見てくれたと思ったのは、こちらの思い過ごしだったのかもしれない。ああペーター、どうかあなたにわたしのこの姿が見えますように。心の声が聞こえますように」（1944年2月19日）
「まるで悪夢になりかかっています。夜にだけでなく、昼間にも彼のことが一刻も頭を離れないのに、じっさいにはすこしも彼に近づけません」（1944年2月28日）
「きのうの日付けを覚えておいてください。わたしの一生の、とても重要な日ですから。もちろん、どんな女の子にとっても、はじめてキスされた日といえば、記念すべき日でしょう？」（1944年4月16日）
なんだか、身近な友だちの恋の相談か自分自身の心の中をのぞいているみたいに思う人もいるかもしれません。『アンネの日記』には、15歳の少女が持つ人間の豊かさが存分に描かれているからこそ、世界中の人に読みつがれ、感動を与え続けているのです。

◆アンネの成長

アンネのお父さんが、2人の娘に詳細な自習計画をつくるようにアドバイスし、学習に力を貸したことは日記にくわしく描かれています。

お姉さんのマルゴーは数学や科学、物理が得意だったのに対し、アンネは数学が苦手でした。日記にも、苦手な代数を勉強するようにお父さんにプレッシャーをかけられていたことが書かれています。

隠れ家という閉鎖された環境は、勉強や読書をするうえでは、かえってアンネにとって幸いしたかもしれません。「熱烈な本好き」と自分でいうほど熱心に、ヘンクさんが図書館で借りてきてくれる本を集中して読んでいました。とくに神話から伝記・歴史へと興味が進んでくるとノートを取りながら読むほど、学習意欲が高まっていきます。また、書くことにも夢中になり、オリジナルの短編物語などもいくつか残っています。小学校時代にモンテッソリ教育を受けたことは、隠れ家のアンネが生まれ持った自由な感性を表現できたことに大きな影響をおよぼしていることでしょう。

◆「アンネの日記」

はじめの頃は、キティーに話しかける一日のできごとの単なる報告にすぎなかった日記でしたが、次第にとても少女が書いたとは思えないほど深い内容のものになっていきます。私は23歳のとき、はじめて『アンネの日記』を読み、１９４４年５月３日の日記にひどくショックを受けました。

「戦争がなにになるのだろう。なぜ人間は、おたがい仲よく暮らせないのだろう……」と書いて、破壊のための戦争に莫大なお金を使いながら、医療施設や貧しい人たちにお金が使われていない矛盾をきびしく追及しています。

「戦争の責任は、偉い人たちや政治家、資本家にだけにあるのではありません。……責任は名もない一般の人たちにもあるのです」と書いています。

私は15歳のとき、いったい何をしていたのだろう。私は勤労動員された工場に駆り出され、ただひたすら働いていました。戦力の一端になっているという自覚などありませんでした。当時15歳だったアンネがこんなに見事に戦争を批判していたことに愕然としたのです。

「なぜだろう。いつの日か、アンネを育てたオランダを見てみたい」と私は強く思うようになりました。しかし、そのときはまだ外国へ行くことなど夢にも思えないことでした。

1979年、私は被爆の証言者として、オランダに招かれることになりました。はじめて『アンネの日記』を読んでから30年も経ってからのことでした。

戦後になっても長い間、多くの日本人は自分たちは戦争の「被害者」と固く信じていました。とりわけ、平和運動や市民運動などに加わるいわゆる革新的な人ほど、戦争を起こした元凶は天皇、軍部、資本家で、すべては彼らのせいで、一般国民は被害者だと考えていました。

日本国民も加害者ではないか、加害責任があるのではないかと発言すると、その人に対し「戦争責任を曖昧にするな」「一億総懺悔《ざんげ》*」のくり返しかという非難が浴びせられました。

日本の平和運動や歴史学者、法律家の中で、戦争に協力し、朝鮮半島や中国、東南アジアの国々で2000万人にのぼるとも言われる人びとを殺し、その財産を奪った責任が国民にもあるのではないか。少なくともそれに積極的に抵抗しなかった責任があるのではないか。いまなお、アジアの人びとに与えた被害に対する謝罪・補償がおこなわれていないのではないかという、日本の加害者の一面が論議されるようになったのは、20世紀も終わるころでした。

＊**「一億総懺悔」**：敗戦後の日本の皇族内閣によって使われた言葉。意味は「国民はこぞって天皇に懺悔しよう」というもので、戦争責任の所在を国民にすりかえた。これに対し、いわゆる革新的な人は天皇と軍、資本家を憎み「戦犯」と呼んだ。

それは、ふたたび戦争をおこさないために必要不可欠なことです。過去の過ちを認め、真摯に反省することなしには、またおなじ過ちをくり返すことになるからです。第2次世界大戦をおなじ枢軸国として戦った西ドイツは、戦後ナチス・ドイツの過ちを早くから認め、「国民は被害者」としていた東ドイツも統一ドイツになってから、被害国に対して、公式謝罪をしています。

日本では、いまだに戦争中の過ちを認めることを「自虐史観*」だとして、反発する人びとがいて、彼らはもしものときは「核兵器の使用」さえ躊躇《ちゅうちょ》しないと主張しています。そして、日本はアジアを解放したのだ、とかたくなに主張しているのです。こんな憲法違反の主張を、自衛隊のトップ*がするようになっているのですから、原爆を体験した私は、とても恐ろしく思えます。

アンネはわずか15歳です。どうして戦争における「一般の人の責任」にまで深い洞察ができたのでしょうか。それにはこの隠れ家の閉ざされた生活の中での読書と思索、お父さんの自由主義的な教え、そして外界とのわずかな接点である、レジスタンス運動に関係する支援者たちの姿から感じとったのではないでしょうか。戦争の一方的な犠牲になっている当時のオランダ人からすれば、

＊**「自虐史観」**：日本は白人の支配からアジアを救うため戦ったという主張で、従軍慰安婦、南京大虐殺などを否定し、沖縄などの集団自決も国に殉じた崇高な行為と美化する。一方、日本への出稼ぎ移民もすべて強制連行と見なし、事実に基づかない反日のための主張もある。

＊2008年、田母神俊雄航空自衛隊幕僚長（当時）が「日本は侵略国家であったのか」という懸賞論文を書き、また、日本の侵略戦争を肯定する内容の講義を自衛隊向けに企画、実施していたことが明らかになった。公務員には、憲法を尊重、擁護しなければいけないという義務が日本国憲法第99条で定められている。

戦争をおこしている国の国民一人ひとりに責任を問おうという発想はさほど変わったことでなく、むしろ普通の感覚だったのでしょう。

◆底をつく食料

さて、1944年に入ると、配給切符があっても、十分な食べものが手に入らなくなります。ミープさんは、何軒歩いてもなかなか必要な量の食べ物を手に入れることはできなかったと回想しています。

隠れ家での生活が2年間にも及ぶようになると、困ったことにお金が少なくなってきました。働くことができませんから、お金が増えません。預金して利息を増やすこともできません。なくなる一方で増えることがない生活では不安で仕方がありません。

ため込んでいた保存食の缶詰、薬、石けんなど日用品がなくなってきましたが、闇市*で買えば石けん1つでもおそろしく高い値がつきました。

***闇市**：アンネは1944年5月6日の日記で、自分たちの生活が闇市に支えられていることを告白している。日本でもこのころ石けんなどの生活用品がいっそう入手困難になり、みかんの皮や、ヤツデの葉を煮た汁で石けんの代用をした。汚れはなかなか落ちず、乗り物に乗ると、いやなにおいがしていた。

◆外の世界への憧れ

13歳で隠れ家に身を潜めてから2年間、アンネは一歩も外に出ることがありませんでした。隠れ家から見えるものは西教会の時計塔、窓からは外のさまざまな音が聞こえてきました。

「いまの気持ちをお伝えすることは、とてもできそうにありません。いっとき平和と静寂とを熱願していたかと思うと、つぎの瞬間には早くも、ちょっとした楽しみがほしくなります。ここではみんな、すっかり笑うことを忘れてしまいました。おかげで、ちゃんとした笑いかたさえ、もうできなくなっている始末です」（1944年2月8日）

「太陽が輝いています。空は紺碧《こんぺき》に澄みわたり、心地よいそよ風が吹き、そしてわたしはあらゆるものにあこがれています――深く思い焦がれています……ひとと話したい、自由になりたい、お友達がほしい、ひとりになりたい。そしてなによりも……思いきり泣きたい！……わたしは思います――わたしのなかには春がいて、それがめざめかけているのだと。全身全霊でそれを感じます」（1944年2月12日）と、外に出たい、自由に行動したいというはげしい希望を訴えています。

ある時（1944年2月16日）は、ペーターとユダヤ人問題について話し合っています。ペーターはいいます。「ユダヤ人はつねに選ばれる民だったし、これからもずっとそうだろう」。これに対してアンネは、「わたしはね、いつもこう思ってるわ――一度でいいから、〃いい意味で〃選ばれるといいんだけど、って」と、答えています。

また、外の景色をながめるしかできなかったアンネは、自由の身になったときの夢を語っています。

「いつか公立図書館へ行って、山のような書物を片っ端から調べられる、そういう日のくるのが待ち遠しくてなりません」（1944年4月6日）

「《ド・プリンス》誌にでもわたしの書いた物語を送って、採用してもらえるかどうかためしてみたいと思います。もちろん匿名《とくめい》で、ですけどね」（1944年4月21日）

しかし、この2年間にわたった不自由な生活は、突然の逮捕で終わります。

隠れ家からアンネが眺めた西教会の時計塔。

第8章 逮捕された日のできごと

ナチス親衛隊(SS)の監視の下、
連行されるユダヤ人(ワルシャワ)。

◆その日の朝

１９４４年８月４日金曜日の朝、突然、アンネ一家が生活をしていた隠れ家がゲシュタポ（秘密警察）に襲われ、８人全員が逮捕されてしまいました。アンネが隠れ住んで７６０日目でした。

隠れ家ではいつも通り、6時45分にヘルマン家の目覚まし時計のベルが鳴り、8人は時間にせかされながら起き上がり、洗面、トイレを済ませて、折り畳みベッドを片付けました。

８人は靴をはかず、めいめいの場所で音を立てないようにしています。その日にする予定の読書、勉強、縫い物に思いをめぐらし、万一動かなければならない用事ができると、まるで泥棒のように抜き足で動いていました。

プリンセン運河沿いの通りはいつものように朝が明けました。8時30分。西教会の塔の音楽時計がひとしきり鐘の音を流しました。

１階、２階の事務所にはすでにタイプライターの音、電話のベルの音、時には話し声が聞こえてきます。１階の奥の倉庫では、ミルが動き出し、さっきまで裏庭で鳴きかわしていた小鳥も飛び去りました。事務所の仕事がはじまると、8人はささやきで必要最低限の会話をします。

いつものように連絡役のミープさんが買物リストを受け取りに階段を上がって来ると、隠れ家は新しい朝を迎えることができた喜びに満たされました。この日も好奇心でいっぱいのアンネはミープさんを質問攻めにしました。しかし、ゆっくり座っておしゃべりを楽しむわけにもいきませんから、ミープさんは用事を済ませるとすぐに部屋を出て2階の事務室で仕事をはじめました。

そのときです。突然、ドイツ人のゲシュタポとオランダ人補助警官6人が事務所になだれ込んできました。手には回転式の拳銃を持っていました。捜査員らは、ミープさんたちが仕事をしていた2階の部屋を抜けて、クレイマンさんのオフィスへ向かいました。そして6人はクレイマンさんを脅して、階段を上がっていきました。

この朝、ユダヤ人がたくさん隠れ住んでいるという密告電話がゲシュタポに入ったのです。匿名の通報でしたが、具体的な場所を示したものでした。

捜査員が隠れ家に向かったとき、ヘンクさんがいつものようにお昼の弁当を受け取るために事務所にやって来ました。その足音が聞こえると、ミープさんはさっとドアに駆け寄り、ドアのすきまからお弁当をヘンクさんに渡し、すぐさま立ち去るように目配せしました。このミープさんの機転でお弁当と一緒に闇の配給切符と現金を捜査員に押収されずに済みました。

◆日記がゲシュタポの目を逃れた

捜査員は隠れ家の8人を立たせたまま家宅捜査をはじめました。お父さんの持っていた、ドイツ軍用トランクに「オットー・フランク中尉」と書かれていたのを見て、一瞬おどろき、たじろいだ様子も見せましたが捜索は続けられました。引き出しを抜いて放り出し、ベッドのマットレスも切り裂くという乱暴さで、部屋中を引っかき回しました。

机の上にはお金と宝石が並べられました。歯科用の金の塊など、かなりの量がありました。この金目の物を入れるためにゲシュタポの隊長は、お父さんの古い革カバンを手にし、逆さにふり回して中のものをぶちまけました。その中に、日記帳やノート、紙に書かれた日記や童話などが入っていました。

『アンネの日記』の原本となるそのノートや紙片は、散乱した食器や棚、古新聞や本、衣類、切り裂かれたベッドやマットレスから出た詰め物などに紛れ込んで、ゲシュタポの目を逃れたのです。不幸中の幸いでした。

この時の捜査責任者は、ゲシュタポ・アムステルダム派遣隊上級分隊長ジルバババウアー*でした。このドイツ人のゲシュタポは、ウィーンで警官をしていた男でした。金目の物が多くてのぼせてしまったのでしょうか。ほんとうは捜査というと、まっ先にだれが隠れていたのか、協力者はだれだったのか、どんな方法で連絡をつけていたのかなどの手がかりを得るために、メモの類いまで、注意深く徹底的に探す必要があります。それを手がかりにレジスタンスの組織を一網打尽にすることができるかもしれません。日記などは、まっ先に確保しなければならないものです。私にはこの警官上がりのゲシュタポはじつに粗雑な男で、捜査経験の少ない人であったと思えてなりません。

◆8人がいなくなった隠れ家で

捜査が済むと、捜査員はアンネたち8人と、支援者と考えたクレイマンさん

＊カール・ヨーゼフ・ジルバババウアー：戦後はウィーン市警の警官に戻っていた。戦後20年あまり後、取調べがはじまるが、アンネのことは、知らないといっていた。職務の執行をしただけということで、裁判では無罪となり、その後再び警官として勤務していた。

とクーフレルさんを市内にあったゲシュタポ本部に連行しました。どういうわけか、1階で作業をしていた作業員の男たちは見逃されました。

2人の女性事務員のうち、エリザベトさんはクレイマンさんが機転を利かせ、クレイマンさんの兄の家にカバンを届けさせるのを口実に、そのまま家に帰らせていました。ミープさんにも家に帰るよう指示しましたが、ミープさんは責任感からその指示には従いませんでした。

会社の共同責任者だと名乗ったクレイマンさんが「女などには大切な秘密は知らせていない」というと、根づよい女性べっ視の念を抱いていたゲシュタポは、この言葉をうのみにして、ミープさんを逮捕しなかったようです。

このドイツ人のゲシュタポは、戦後、ナチス協力者としてオーストリアで当時の事情を尋問された際、なぜ女性事務員のミープさんを逮捕しなかったかと問われ、「気立てのよさそうな女だったから」と答えています。

その場に残ったミープさんは、強いウィーンなまりで話すジルババウアーに「あなたウィーンの方ね。私もウィーン生まれよ」。男の正面にすくっと立ちあがったミープさんが故郷なまりのドイツ語でいうと、うろたえ、しどろもどろ

ナチスのトラックに乗せられるユダヤ人。（©Chriswebb H.E.A.R.T）

の受け答えになったといいます。そしてミープさんに向かって「毎日会社に出勤しろ。逃げ隠れしてみろ、お前の旦那もしょっぴくぞ」と、精いっぱいの空いばりをして立ち去っていきました。この男の無能さが幸いして、20世紀の宝物はゴミの間に紛れたままにされ、難を逃れたのでした。

その日の夕方、ミープさんとヘンクさん、エリザベトさん、倉庫係主任だったファン・マーレンは8人が連れ去られた隠れ家の跡に上がり、アンネの愛用していた化粧ケープなどの日用品や、ヘンクさんが隠れ家の8人のために図書館から借りてきた本、アンネの日記帳やアンネの筆跡でメモされた紙片を拾い集めました。このとき、ミープさんはメモの収集をファン・マーレンに指示しました。じつは、ファン・マーレンには当時、密告者かもしれないという疑惑がありました。彼はしつこく「後ろの家」のことを知りたがったり、デンプンの粉を床に撒いて人の出入りを調べたり、ネコのエサを調べるなど、さまざまな不審な行動をしていました。ミープさんは、用心深く、あえて自分で拾わず、疑惑の男の手で拾わせたのでした。

ファン・マーレンが帰ったあと、どこからともなくペーターの愛猫ムッシーが現れて、ミープさんの足に身体をすりつけました。ミルクを皿に注ぎながらミープさんは、飼い主を失ったムッシーに「お前はこの会社の猫になるのよ」と語りかけたそうです。

当時オランダでは逮捕されたり、行方をくらましたユダヤ人の空き家には、3、4日もすると、ドイツの引っ越し会社「ビュルス」のトラックが乗り付けて、家財を一切合切持ち去ってしまいます。* これらの品物はドイツに運ばれ、ドイツの戦災者などに配給されていました。隠れ家には約1週間後、「ビュルス」のトラックがやってきましたが、この時の後片付けにも倉庫係のファン・マーレンが立ち合っています。

集めれられた日記帳や紙片に書かれたメモ類は、すべてミープさんが預かり、それを読むことなく、自分の机の引き出しに入れて、カギはわざとかけずに「アンネが帰ってきたら返そう」と心に決めて保管していました。「読まなくてよかった。もし見たらすぐ処分してしまったでしょう」と後になって証言していました。つまり、ナチス占領軍に「日記」が渡り、読まれてしまえば、関係者の存在が判明しますから、日記は関係者にとって危険なものでした。

＊おなじナチス占領軍でも、西ヨーロッパと東ヨーロッパではかなり占領政策が相違していた。西側の占領地ではユダヤ人が逮捕された場合、紙切れ1枚動かすことも禁止され、住宅が軍の管理下に置かれた。一方、ポーランドなど東側の占領地ではユダヤ人が追い出された空き家にはポーランド人が入り込み、占拠することが黙認されていた。戦後、生き延びて自宅に戻って来たユダヤ人が占拠しているポーランド人とトラブルになり、帰ってきたユダヤ人を集団で襲い、虐殺するという事件がしばしばあった。ポーランド政府がこの虐殺を公式に謝罪したのは、2001年のこと。

◆密告者はだれ

戦後、密告者について警察などが調査をしましたが、なぜか解明は進みませんでした。はじめ関係者のほとんどが倉庫係主任のファン・マーレンを密告者と疑いました。現に彼は、事務所に頻繁に届く食料などから人の気配を感じていたようでした。しかし、密告者の追及が始まると、彼はそれを一貫して否定しました。

最近では、密告者はオランダ人女性、レナ・ハルトホではないかと疑われています。彼女は事務所で働いていた掃除婦で、エリザベトさんにこの建物にユダヤ人が隠れているのではないか、もし見つかったら自分たちも破滅だともらしていたといいます。彼女の夫（ランメルト・ハルトホ）も臨時作業員として事務所で働いていましたが、ゲシュタポが来た朝、すぐに姿を消すなどの不可解な行動をとっていました。

もし夫妻だとすれば、彼らは長く失業していて、わずかな報償金が欲しかったのかもしれません。ユダヤ人潜伏を通告した報奨は1人につきソーセージ1

本、酒3分の1本と25ギルダーのお金でした。夫婦一緒に臨時作業員として雇ってくれたアンネのお父さんやクレイマンさんを裏切るようなことは、当時のオランダでは例外的なことですから、密告者は夫妻以外の人物かもしれません。

真相はいまだに藪《やぶ》の中です。私には、その原因にひとり生還したアンネのお父さんの意向があるように思えてなりません。

アンネのお父さんはユダヤ社会のなかで「神を信じない困った人」、時には、「信仰心を持たない悪い奴」と陰口を叩かれることもあったほど、自由な考え方を持った、いわゆる「リベラル」な人でした。けれど、ユダヤ教が教える「人を憎んではならない、恨んではならない」という教えを生きる信条にした人でしたので、密告者に復讐するという気持ちにはならなかったのでしょう。

それをうかがわせるエピソードがあります。戦後、隠れ家の8人を逮捕したジルババウアーの名をわざと間違えて証言しています。このためウィーンで警官になっていたジルババウアーに追及の手が届かず、サイモン・ヴィーゼンタール・センター*がその所在をつき止めるのに20年もかかっています。また、ジルババウアーがナチス協力者として裁判にかけられた時も、お父さんは「職務以

***サイモン・ヴィーゼンタール・センター**：1961年、ユダヤ人で強制収容所からの生還者だったサイモン・ヴィーゼンタールがナチス摘発機関「ナチ体制下のユダヤ人犠牲者連盟・記録センター」を創設。ナチスの戦争犯罪人についての情報を収集し、犯罪の証拠を発掘し、関係当局にしかるべき情報を提供する活動をしている。

上の乱暴な行為はしなかった」と証言しています。

◆隠れ家の周囲の人は気付いていた

最近になってテレビ番組の特集などによって、隠れ家が周囲にどの程度知られていたかの事情がかなりわかってきました。ほんの一瞬の油断でもれた一筋の明かりを、隠れ家の窓に見た人もいましたし、夜、水を流す音を聞いた人もたくさんいました。八百屋の主人も隠れ家の存在に気付いていました。

ペーターが飼っていた黒ネコ「ムッシー」は、屋根裏部屋の窓から外へ出るばかりか、ネコ用のトイレが汚れているときなど床で用を足したりもしていました。勝手なネコのふるまいが、隠れ住む人に危険をもたらすことは十分想像できることです。

近所の人は、不審に思っても見て見ぬふりをしてくれていたのでしょう。泥棒ごっこをして、「後ろの家」に忍び込んだ近所の子どもたちも、人がいると確信しましたが、「秘密」を口外しませんでした。

第9章 死の収容所へ

アウシュビッツ収容所。
門には「アルバイテ・マハト・フライ（労働によって自由を）」という標語が掲げられている。

◆ドイツ軍は追いつめられていた

アンネたち8人は、ゲシュタポ(秘密警察)の拘置所に拘置されました。尋問はされましたが、拷問はおこなわれませんでした。ゲシュタポは、ほかに隠れているユダヤ人を知っているかを聞きだそうとしましたが、「私たちは25カ月間隠れていた」という供述を聞き、それ以上の追及を諦めたようです。こんな長期間、隠れ住んでいたら外の世界のことを知るわけはありません。その時間の経過は、壁に刻まれたアンネたちの背丈の印が何よりの証拠でした。

アンネたちが逮捕されたあと、ミープさんは事務所に出入りしていたセールスマンたちから、ナチスを買収してアンネたちを釈放させてはどうか、とアドバイスを受けたそうです。「奴らは汚いんですよ。金目のものなど何でも取り込んでいますよ。オットーさんは人望があったから、頼めばみんなカンパしますよ」と、セールスマンたちは話しました。

そのアドバイスに従ってミープさんは大胆にも、占領当局に交渉に行ったそうです。ですが、相手にはされませんでした。ユダヤ人を援助したオランダ人は、占領初期なら厳罰に処せられ、殺されることもありましたが、この頃はかなりいいかげんになっていました。

◆ヴェステルボルク通過収容所へ

逮捕から5日目の8月8日、拘置所に拘置されていた8人は、アムステルダム中央駅から汽車に乗せられ、オランダ北東部のヴェステルボルク通過収容所に移送されました。

このヴェステルボルク収容所はもともと、オランダ政府が建てた難民キャンプでした。ヒトラーが政権をとった後、迫害を恐れてドイツから逃れてくる難民のためにオランダ政府が維持費を出し、実際の運営は労働組合などがしていました。オランダをナチス・ドイツが占領した後は、皮肉なことに労働組合の活動家や政党幹部の収容施設として使われ、その後はナチス・ドイツの降伏までユダヤ人を東方へ送る「通過収容所」として使用されました。

ここは周囲を森に囲まれているためか、いつ行ってもじめじめしたところで、私は行くたびに雨にあっています。それもオランダによくあるシトシト雨ではなく、盛大な土砂降りです。この収容所に一時留め置かれ、絶滅収容所に移送された人びとの涙のように思えてなりませんでした。

移送のための中継基地であるヴェステルボルクから出た汽車は、ポーランドにあったアウシュビッツ、ソビブル、ときにはテレジンシュタット、ベルゲン＝ベルゼンに行きました。これらの絶滅収容所で、収容者は奴隷のように死ぬまで働かされるか、ガス室に入れられて抹殺されたのです。ですから、ここに収容された人びとは「どうか汽車が来ませんように」と日々祈っていました。その汽車が来れば、それに乗せられるのが自分か家族か、友人かは神のみが知っていますが、死出の旅路であることが知れ渡っていたからです。

このときの収容者の思いをいまに伝えるモニュメントが、ヴェステルボルク収容所跡につくられています。収容所に入る線路のレールが曲げられて、説明の碑には、「汽車よ来るな 永遠に」と書かれています。

このヴェステルボルク収容所を通過して、絶滅収容所に移送された人びとは約10万人といわれています。この中にアンネたち8人も入っています。

ヴェステルボルク収容所にある「汽車よ来るな 永遠に」のモニュメント。

◆逮捕されたクレイマンさんとクーフレルさん

アンネたちの逮捕のとき、クレイマンさんとクーフレルさんも一緒に逮捕されていました。2人はユダヤ人ではありませんが、「会社で世話になったから助けた。食料は闇市で買った」という自供をもとに連行されてしまったのです。

クレイマンさんは、約1カ月留置の後、裁判をすることもなく、政治犯やユダヤ人を匿まった人や、闇商人らを収容したアメルスフォールト収容所*へ送られましたが、持病の胃潰瘍を理由に赤十字の要請で釈放されました。支援者への罰は、このころにはかなりゆるやかで、占領初期にあった、見せしめとしてその場で支援者を殺すなどの厳しい措置はほとんどなくなっていたようです。ドイツの敗戦が間近に迫っていたからでしょうか。

クーフレルさんもドイツの労働収容所に送られましたが、途中空襲に遭い、そのドサクサにまぎれて逃亡し、戦争が終わるまで自宅に隠れていました。家宅捜索はありませんでしたが、食料難の中で1人の大人を匿まうのは大変な苦労でした。その精神的なストレスのせいか、クーフレル夫人は戦後まもなく亡

***アメルスフォールト収容所**：オランダ中部にあった収容所。刑務所のような役割を果たしていた。公式には、警察通過収容所とされている。

くなっています。

◆ヴェステルボルク通過収容所での生活

ヴェステルボルク通過収容所に運ばれていく途中、アンネは身じろぎもせず、流れ去る車窓の景色を見つめていたのをお父さんは見ていました。8月のはじめ、オランダでは麦の収穫、家畜用の乾草の刈り入れの時期です。高低差がほとんどないどこまでも広がる畑に、家族総出で畑仕事する光景を見て、アンネは何を思ったのでしょうか。刈り取った牧草を運ぶ子どもたちの姿に何を感じたのでしょうか。ペーターと家族が揃ったこの汽車の旅が平和なときであったらなんとすてきだったでしょうか……。

汽車がヴェステルボルク収容所に近づくと、森の中にいく棟もの建物が見えてきました。汽車から降ろされると、8人は肩に赤と黄色の三角の布*が縫い付けられたつなぎを着せられました。それは懲罰棟《ちょうばつとう》の「犯罪者」であることが一目でわかる服で、おとなしく収容された人たちとは明らかに待遇が違いました。牛小屋のような宿舎に男女別々に多勢詰め込まれ、食事の質、量ともに最悪の

***三角の布**：収容者は布の色で、その属性を分けられていた。赤＝政治犯、黄＝ユダヤ人、緑＝正規犯罪者、青＝移民、紫＝エホバの証人信者、桃＝同性愛者、黒＝犯罪者、茶＝ジプシー。布の組み合わせによって、常習性などを表していた。

ヴェステルボルク収容所跡にいまも残る監視塔

ものでした。

アンネたちは、古いバッテリーを解体して、まだ使える部品を取り出す作業を命じられました。古いバッテリーの中には有害薬品が乾燥してカリカリになって入っています。解体すると粉末が飛び散り、女性たちは咳き込みながら仕事をしていました。石けんを与えられなかった懲罰棟の「犯罪者」たちは汚れた手で食事をし、衣類は汚れ放題、シラミやダニが繁殖していました。

この収容所内では、まだ家族同士が集まることはできました。

◆最終のアウシュビッツ行き

1カ月ほどヴェステルボルク収容所で強制労働をさせられた後、9月3日、8人はまた汽車に乗せられました。人びとは、この汽車を見てあ然としました。それは牛馬用の貨車でした。行き先は、アウシュビッツ収容所。この日男性498名、女性442名、子ども79名の合計1019名がこの家畜用貨車に乗せられました。

じつはこの汽車はこのヴェステルボルグ収容所からアウシュビッツに向かっ

イスラエル・ヤド・バシェム博物館に展示されている人びとを死地に運んだ家畜車。

た最後の便でした。この汽車の後に出たのは、テレジンシュタット収容所*行きとベルゲン=ベルゼン強制収容所*行きの2便のみでした。

さして大きくないこの車両には70人から90人が押し込められ、トイレはなく水を入れたバケツと空バケツが1つあるきりです。長時間止まろうものなら、人いきれで耐えがたいほど蒸し暑く、大小便が入ったバケツからは強烈な臭いが上ってきました。

移動中の車内では、食物も水も与えられず、病人や老人、子どもから弱っていき、倒れていきました。人間の尊厳や生きる気力さえ失わせるまさに家畜以下の扱いでした。でも、気力のある男たちは老人や女性、子どもが座れるように代わる代わる立ち上がってすき間を作ったといわれています。

ワシントンD.C.のホロコースト記念館では、この車両に入り、追体験することができます。私も入りましたが、重たいきしみの音とともに扉が閉まると、中は真っ暗になります。みんな思わず悲鳴を上げていました。追体験とわかっていても、扉が閉まったときというのは、それは恐ろしいものでした。

＊テレジンシュタット収容所：チェコ・プラハ郊外にあった強制収容所。もともと18世紀に要塞として建造され、１９４１年11月に強制収容所として使用されるようになった。この収容所では芸術・文化活動が部分的に認められ、プロの芸術家の指導の下、楽団がつくられていた。また、収容されていた子どもたちの描いた絵がたくさん残っている。不衛生な環境と食料や物資不足のため、３万５０００人以上が死亡した。

＊ベルゲン=ベルゼン強制収容所：ドイツ・北西部ローワーサクソニーの荒地にあった強制収容所。ガス室はなかったものの、食料や物資不足による飢え、伝染病の蔓延で大量の死者を出した。もともとソビエト兵の捕虜収容所として設立されたベルゲン収容所と、そこから2キロ離れたベルゼン収容所を統合した総称。

アンネ・フランクの足跡（1929.6.12 ～ 1945.3）

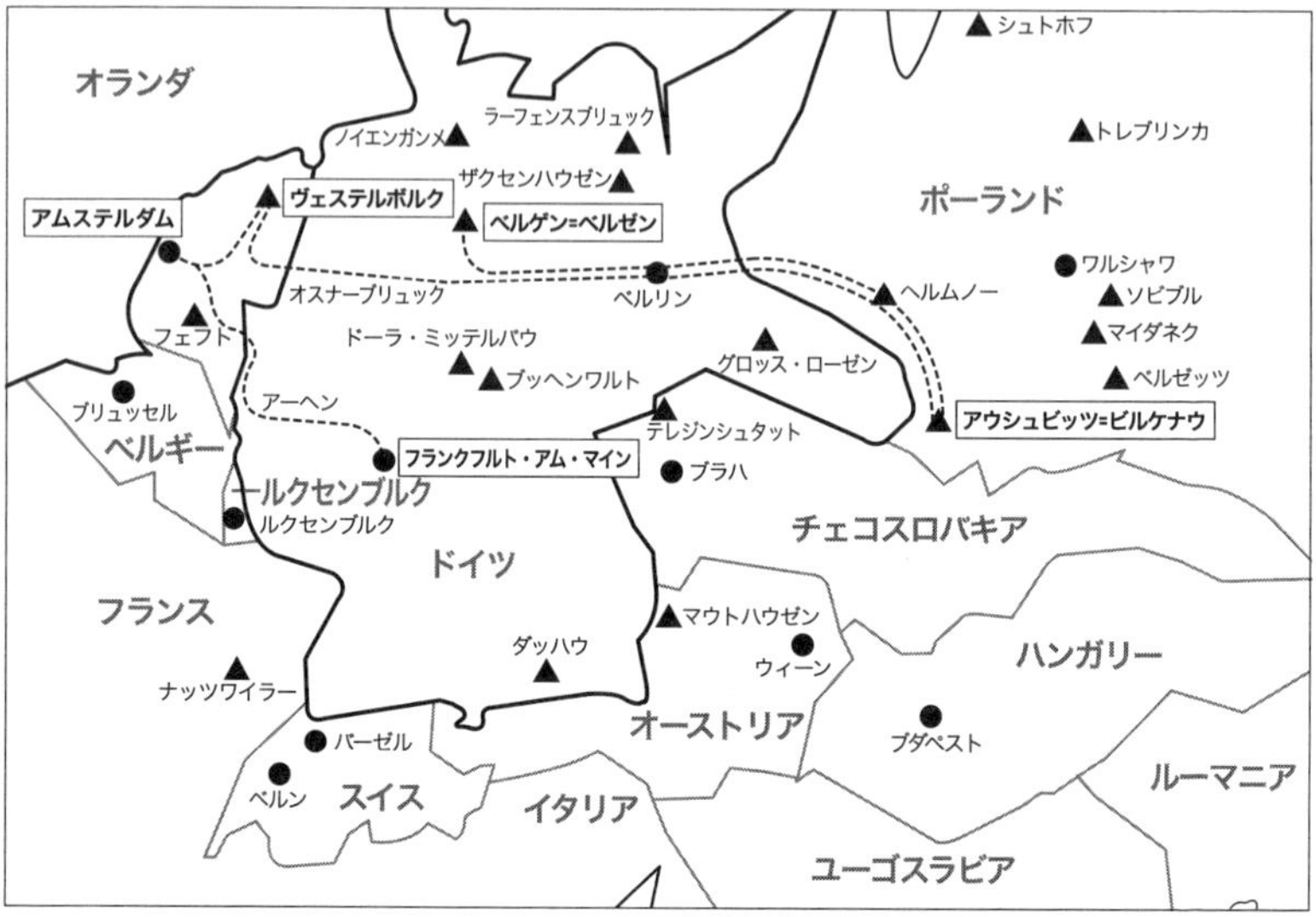

オランダ
アムステルダム
ヴェステルボルク
ノイエンガンメ
ラーフェンスブリュック
ザクセンハウゼン
ベルゲン=ベルゼン
シュトホフ
トレブリンカ
ポーランド
ワルシャワ
ヘルムノー
ソビブル
マイダネク
ベルゼッツ
ベルリン
オスナーブリュック
フェフト
ドーラ・ミッテルバウ
ブッヘンワルト
グロッス・ローゼン
ブリュッセル
ベルギー
アーヘン
テレジンシュタット
アウシュビッツ=ビルケナウ
フランクフルト・アム・マイン
ルクセンブルク
ルクセンブルク
プラハ
チェコスロバキア
ドイツ
フランス
マウトハウゼン
ウィーン
ハンガリー
ダッハウ
ナッツワイラー
オーストリア
ブダペスト
バーゼル
ベルン
スイス
イタリア
ルーマニア
ユーゴスラビア

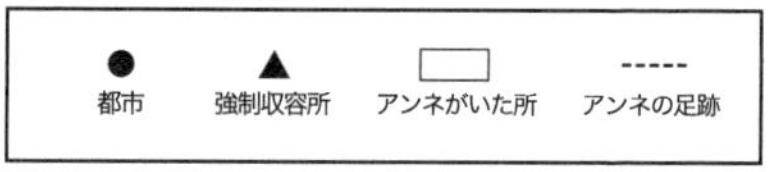

都市
強制収容所
アンネがいた所
アンネの足跡

◆アウシュビッツ収容所に着いた

１９４４年９月６日の夜、４日間汽車で運ばれたアンネたちはアウシュビッツ収容所に着きました。

「荷物を持つな」「おりろ」「急げ」乱暴なドイツ語で兵士ががなりたてます。すべての所持品を奪われ、男女別に並ばされました。男の列には、お父さんとペーターがいました。これがアンネが２人を見た最後でした。

この日、アウシュビッツ収容所に向かう移送の汽車に乗せられた１０１９人*は、すぐに「選別」され、５４９人は到着した日のうちにガス室で殺されました。そして「生き残り組」の列に、男性２５８人、女性２１２人の計４７０人が並ばされました。

「生き残り組」の選別基準は、16歳から35歳の健康な者とされていますが、15歳だったアンネ、55歳だったお父さん、ヘルマンさん、フリッツさんも生き残りの方に入れられました。アンネたち「生き残り組」に入れられた人びとは、まず、シラミ駆除のために頭髪から陰毛まで全身の毛を剃られました。この毛

*１０１９人のうち生還したのは、45人の男性と82人の女性、計１２７人だった（53年、オランダ赤十字発表）。

アウシュビッツ収容所で選別されるユダヤ人。

髪は洋服の裏地やスリッパの詰め物などに利用されました。

守衛たちから、ありとあらゆる侮辱的な言葉が浴びせられ、かぎりない暴力が加えられ、人間らしさが奪われていきました。平均して3カ月しか生きられないという粗末な食事にもかかわらず重労働が容赦なく課せられました。

点呼は立ったまま1時間、時には何時間も続きました。途中で倒れたり、弱ったところを見せると、その場で「処理」されかねません。

「ここにくらべればダンテの描く地獄などまるで喜劇に思える」と、ナチス親衛隊の医師が日記に書いています。アウシュビッツで生きるためには無神経に、無感覚にならなければなりませんでした。ここでは、強制労働の結果、死ぬことによってのみ自由を手にできるという地獄だったのです。

本章のトビラの写真を見てください。アウシュビッツ収容所の入り口には、「アルバイテ・マハト・フライ」（労働によって自由を）の標語のモニュメントが掲げられていました。このモニュメントは、ヒトラー政権成立後、最初に建設されたダッハウ収容所*の工事に従事した金物士が、「工事が終わったら殺されるのだろう。これが最後の仕事だ。ドイツ職人の仕事を後世に残そう」と、

***ダッハウ収容所**：ドイツ・ミュンヘン郊外にあった強制収容所。1933年3月に開設。後につくられる強制収容所のモデルとなった。ヒトラーは政権を取るとすぐに勢力の大きかった建設労組などの職人たちを捕らえ、彼らにダッハウ収容所を建設させた。築後70年以上経っても実にしっかりしている。戦後はチェコなどを追われたドイツ人の住居につかわれていたようだが、市民運動によってバイエルン州立博物館となり、その後、国立教育施設として公開されるようになった。

制作したものです。この標語をナチスがいたく気に入り、すべての収容所の門に掲げられるようになりました。

◆アウシュビッツ収容所でのアンネ

お母さんのエーディトと２人の娘、マルゴーとアンネは「女性ブロック29」に入りました。アウシュビッツ収容所の中でアンネがどう生きていたか、くわしいことはわかりませんが、収容者たちが口を揃えて証言をする、「昼の重労働もつらいが、夜はもっとつらかった」「着た切りで風呂に入らないからシラミ、ノミ、ダニ、南京虫が襲いかかった」「かゆいだけではない、汚い指でかきむしって皮膚が化膿した」などなど、こうしたつらい日々をアンネたちも送っていたと想像できます。

断片的に伝えられているアンネの姿は、ほんのわずかです。「ガス室の前に並ばされている子どもを見て涙を流していた」「５人グループの責任者に選ばれ、パンを分ける役だった」「アンネもお姉さんのマルゴーも疥癬《かいせん》で全身が赤く腫れ、ネズミが走りまわる倉庫のような『疥癬バラック』に移されても２人

アウシュビッツ収容所跡に展示されている収容者の毛で作った布

は励ましあっていた」

お母さんのエーディトは元気で、3人が助け合って生き延びていたのはたしかでした。疥癬に罹《かか》ったアンネとお姉さんのマルゴーですが、ガス室には送られていません。通常ならば、病気で働けないものは、すぐにガス室に送られるはずなのに、なぜだったのでしょうか。

じつは、ナチスは収容所内のガス室をつぎつぎと爆破しはじめていました。8月にはドイツの敗戦がもうだれの目にも明らかだったからです。

1944年6月、連合軍はフランス・ノルマンディーに上陸し、連合軍最高司令官アイゼンハワーと米軍の猛将といわれたパットンの両将軍はその功名心を駆り立てて、最新鋭の兵力を装備した大軍でドイツを目指して進軍し、8月にはパリが解放されます。* また、ソ連軍はポーランドに攻め込み、アウシュビッツの100キロ先まで最前線が来ていました。ナチスは大虐殺の証拠を隠すために施設や資料の破壊を急ぎ、収容者の移送もはじめていました。列車を使っての移送もありましたが、歩いての移送では食料も満足に支給されず、悲惨を極めたその状況は「死の行進」といわれました。

＊枢軸国の一角、イタリアはすでに降伏し、日本軍も7月にはミクロネシア・マリアナ諸島のサイパンで全滅した。米軍が東南アジアの島々を次々に攻略して、日本本土に迫っていた。日本の降伏まであと1年。

2008年11月にドイツ・ベルリン市内で発見されたアウシュビッツ収容所の平面図。（2008年11月11日ロイター通信）

◆8人それぞれの運命

隠れ家から収容所に送られた8人の消息は、1人だけ生還したお父さんオットーさん以外、断片的にしかわかっていません。

●ヘルマン・ファン・ペルスさん

アウシュビッツ収容所に移送されてからほぼ1カ月後の10月初旬、ガス室に送られ、殺されました。

●フリッツ・ベッファーさん

歯医者のベッファーさんは、1944年12月20日、ドイツ・ハンブルク郊外のノイエンガンメ強制収容所*で亡くなりました。アウシュビッツからどのようにしてこの収容所へ移送されたかは、いまだにわかっていません。

●お母さん

娘2人と生き別れになってアウシュビッツ収容所に残されたお母さんは、1945年1月6日、衰弱で亡くなっています。1人になったお母さんは、娘たちが殺されたと思い込んでいました。おなじアウシュビッツに残っていたお

＊**ノイエンガンメ強制収容所**：ドイツ北西部のハンブルクにあった収容所。1938年に設立。収容者の半数は、ポーランド人やソビエト人とされる。概算で10万6000人がここに収容され、ここでの死者は約5万5000人といわれている。

父さんとの面会もかなわず、心の均衡も奪われたまま息を引き取りました。家族を第一と考え、家族につくすことが生き甲斐だったこの女性にとって、あまりにも残酷な最期でした。毛布の中には、「オットーに食べさせる」パンが石のように固くなっていくつも隠されていたそうです。

●お父さん

お父さんは、アウシュビッツ収容所で離れ離れになった妻や娘たちの身を案じながら、衰弱していき、ついに隔離された病室に移されました。そのまま45年1月27日～29日、ソ連軍によるアウシュビッツ解放*で救出されました。

●ペーター

ペーターは45年5月5日、マウトハウゼン収容所で亡くなりました。アウシュビッツ収容所からオーストリアのマウトハウゼン収容所に送られたペーターをここではマックスさんというアムステルダム出身の人がかばってくれていました。マックスさんはゴリラのような顔つきで、いかにも野蛮に見えたので、収容所で補助監視役に抜擢されていました。アンネのお父さんはマックスさんにペーターの保護を頼んでいました。そのためもあって、アウシュビッツからマ

***アウシュビッツ解放**：アウシュビッツ第一収容所の解放時には、約7500人の収容者が残っていた。収容者は40万人ともいわれており、ほとんどの収容者は、解放前に別の収容所へ移送されたか死亡したか処刑されていたと考えられる。

アウシュビッツ収容所跡で公開されているベッド

ウトハウゼンまでの「死の行進」も耐え抜きましたが、アメリカ軍がマウトハウゼン収容所を解放したちょうどその日、とうとう力尽きてしまいました。

●アンネ、お姉さん、ヘルマン夫人

アンネ、お姉さんのマルゴー、ヘルマン夫人の3人は、10月27日までアウシュビッツ=ビルケナウに収容された後、ベルゲン=ベルゼン収容所に移送されます。

◆「恐るべき死体置場」への移送

10月27日、アウシュビッツに収容されていたアンネ、お姉さん、ヘルマン夫人の3人は、約1000人の女性たちと一緒に汽車でドイツの強制収容所ベルゲン=ベルゼン収容所に移送されました。

ここは、ハンブルクからもハノーヴァからも約80キロの距離に位置し、第1次世界大戦のとき捕虜収容所として使った建物がありました。第2次大戦がはじまってすぐ、フランス兵の捕虜を使役して拡充されました。ナチス・ドイツの戦争犯罪*を裁いた「ニュルンベルク裁判」で「巨大な恐るべき死体置場」と呼ばれ、ナチスの「人道に対する罪」の証拠にされた収容所です。

犠牲者のおびただしい靴、ダッハウ収容所（©USHMM）

このベルゲン=ベルゼン収容所はもともと、ナチスに非協力であることを理由に逮捕された帝政ドイツ期の軍人や高官、ワイマール共和国の高官、占領地の高官・政治家を収容するところでした。この人びとは交渉がまとまれば、ナチス・ドイツ軍の捕虜と交換で中立国に送られるので、収容者は希望を持つことができました。管理も比較的ゆるやかで私物の保管や私服の着用が許され、収容者番号の刺青《いれずみ》もされず、体毛が剃られることもありませんでした。

◆最期のアンネ

44年10月末以降、アウシュビッツなどからベルゲン=ベルゼン収容所に多くの人びとが移送されてくるようになりました。1万人程度の収容力しかないところに5万人も詰め込まれ、大混乱になりました。超満員の収容所の状態はますますひどくなり、ここにはガス室はなく焼却炉もありませんでしたが、ゆるやかに着実に死が収容者たちを捕らえました。

収容能力の5倍以上の収容者が押し込められ、すでにドイツ国内で戦闘がおこなわれているのですから、収容所の管理体制は崩壊し、食料も水さえほとん

＊**戦争犯罪**：戦争犯罪は、「平和に対する罪」「民間人への危害」「人道に対する罪」の3つによって裁かれた。この定義は、日本の戦争犯罪を裁いた「東京裁判」にも摘要された。現在設置の国際刑事裁判所では、これに「集団殺害犯罪」（ジェノサイドの罪）が加えられている。

アウシュビッツ収容所にある収容者の着衣の展示

ど支給はありません。飢餓の状態の中で弱っていく人びとには抵抗力がありません。飢えと乾きの中で赤痢、結核、発疹チフス*などの伝染病が広がりましたが、治療のための薬品もありませんでした。

アンネたちが移送されたときは収容するバラックが未完成で、急ごしらえのテントに入れられました。じめじめした水たまりさえあり、地面に寝具もなく寝たといわれています。季節は冬に向かっていました。

アンネもお姉さんも飢え、渇き、そして発疹チフスに罹り、ついにお姉さんがベッドから落ちて死にました。そしてアンネは「皆死んで私1人きり、もう生きる望みもない」とつぶやいたそうです。

お姉さんの死を追うように、アンネは息絶えました。最期はバラックの外の汚物だらけの水たまりに顔をつっこんで冷たくなっていました。ある生存者の証言によると、ドア近くに寝ていたアンネは「閉めて、ドアを閉めて」といいつづけ、やがてその声は聞こえなくなったそうです。

このベルゲン=ベルゼン収容所は45年4月15日、アンネとマルゴーが死んだわずか十数日後、イギリス軍によって解放されました。あと十数日解放が早ま

＊発疹チフス：シラミが媒介する伝染病。

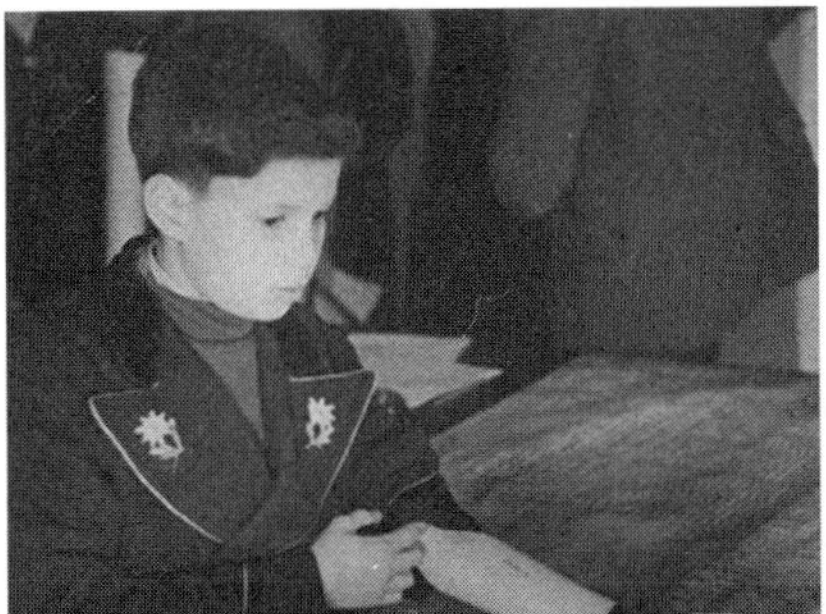

多くの収容所では、幼い子どもの腕にも番号が焼き付けられた（©USHMM）。

れば……、と思わずにはいられませんが、アンネとマルゴーが約5カ月間、この飢餓の地獄で生きられたことは奇跡だといってよいでしょう。

この収容所を解放したイギリス軍のA・ビータース大尉は、「通常なら60名収容されるバラックに600名入っていました。そのバラックの床と外は一面遺体と排泄物でした。収容者は自尊心を失い、動物レベルになっていました」と証言しています。

後年、日本でおこなわれた「アンネ・フランク展」の目録の文章に、ある作家が「清く、美しいアンネの死」と書いていました。しかし、これまで書いてきたように、収容所の最悪の状況下でのアンネの死は「清く、美しい死」といえるものではけっしてありません。その最期は、想像するのもおぞましい惨めな死でした。

戦争によって強制された死を「清く、美しい」なんていう必要はありません。事実をありのまま受けとめ、その惨めな死を強いた責任を考え、二度とこういう悲しいことを許してはならないと誓うことこそ大切なのです。青年たちが強制された「特攻隊」であれ、沖縄やサイパンでの「集団自決」であれ、強制さ

ベルゲン＝ベンゼン収容所の犠牲者（©USHMM）

れた死を美化することで、歴史をくり返してしまう発想に結びついていきます。

私はどんなに悲しくとも、どんなにつらくとも、戦争による死を美化してはならないと思うのです。

◆アンネとハンナさんの再会

アンネの悲しい死で、ただひとつの救いはアンネが死ぬ少し前、幼な友だちのハンナさんとベルゲン=ベルゼン収容所で再会できたことです。

ハンナさんはアンネが隠れ家に身を隠してから、約1年後の43年6月にお父さん、妹、おじいさん、おばあさんと一緒に逮捕され、ベルゲン=ベルゼン収容所に収容されていました。

ハンナさんの証言によると、45年2月のある日、ヘルマン夫人と話をしたという知り合いの中年の女性が、ハンナさんのもとにやって来たそうです。そして、有刺鉄線の張られたある場所へ行くよう促されたのです。

夜、ハンナさんはいわれたとおりに指定されたところに行って小さな声で呼びかけると、偶然ヘルマン夫人がそこに居合わせました。そして、ハンナさん

ベルゲン=ベルゼン収容所の火葬場

は「アンネを呼んでくれますか？」と頼みました。しばらくするとアンネが有刺鉄線のところへやって来ました。

「それは私が知っていたころと同じアンネではありませんでした。彼女は打ちひしがれた少女でした」。暗くてハンナさんがその姿をはっきりと確認することはできなかったそうですが、そこに現れたアンネはすぐに泣きはじめ、「私にはもう両親がいないの」と話したといいます。どうやらそのときアンネは、お父さんが毒ガスで殺されたと考えていたようです。

15歳の２人の少女は、鉄条網の前に立ち尽くして泣きじゃくり、ハンナさんは母親と赤ちゃんが死んだことや父親が病舎に入っていることを告げました。*

アンネは、お姉さんと一緒にいるが、重い病気に罹っていること、長かった隠れ家での体験を語りました。「私たちには食べるものがないの。私たちは凍えてるの。着る物が１つもないの。私は非常にやせちゃってるの、そして私は髪を短く刈られちゃったの」と、ハンナさんに語ったといいます。

まるで幽霊のようなボロボロのアンネを見たハンナさんは、急いで小屋に戻り自分の持っている最後の食べ物を鉄条網の向こうに投げてやりました。それ

＊ハンナさんの父親ハンス・ホースラルさんは45年２月25日に死亡。祖父母も亡くなり、ハンナさんと小さい妹ラケルさんは生き延びた。

は受け取ったばかりの赤十字の難民救済物資で、新書版の本ほどの大きさの箱にクッキーと干し果物と砂糖が入っていました。でも、その箱はほかの女性に奪われてしまい、アンネは泣きました。

何日か後、事情を聞いた小屋の人びとがカンパしてくれたパンのかけら、クッキーなどを靴下に入れてハンナさんはアンネに投げてやりました。この食べ物は幾日かアンネの生命を支えました。

鉄条網を隔てて2人は会話をかわすことができました。その後、ハンナさんは発疹チフスに罹りました。ようやく治ってきたころに、まだフラフラする身体でいつものところまで行くと、向かいの棟は空っぽになっていました。アンネたちは別の棟に移されていたのです。

4月に入ってまもなく、ハンナさんたちは収容所を立ち退くという知らせを受け、瀕死の病人を残して、汽車に乗せられました。ハンナさんたちが積み込まれた家畜用車両は、どこかのガス室へ向かっていましたが、途中で攻撃を受け、いつの間にか監視のドイツ兵がいなくなり、ハンナさんは妹のラケルさんを連れて逃げ出しました。汽車が止まっていたところはポーランド国境に近い

ベルゲン＝ベンゼン収容所のフェンス（©USHMM）

オーゼル河の近くで、逃げ惑っているハンナさんたちは、ソ連軍の兵士に出会って保護されました。

私はハンナさんに会った時、「なぜ大切な食べ物をアンネにあげたの？」と聞きました。物静かなハンナさんは「だれでもすることでしょう」と不思議そうに答えたのです。そして、「目の前のアンネは飢えていました。私は赤十字の救援小包を受け取り、アンネには何もなかったのだから」と続けました。

想像もつかない極限の状況の中で、しかし、幼なじみが示してくれた愛の行為にアンネは何を思ったでしょう。「たとえいやなことばかりでも、人間の本性はやっぱり善なのだ」（１９４４年7月15日）、だから自分は平和が訪れる日まで理想を見失うことはないのだ、と逮捕の20日前の日記に書いていたアンネが、最期の日々に幼な友だちの「無私の愛」（アガペー）に出逢えたことで、その心はどれだけ満たされたことでしょうか。

第10章 アンネが亡くなってから

ベルゲン=ベンゼン強制収容所にある
アンネと姉マルゴーの墓。
戦後、アンネのいとこ
バディ・エリアスさんによって建てられた。

◆生き残ったお父さん

アンネのお父さん、オットーさんは、45年6月、荒廃したアムステルダムに帰ってきました。ひとりぼっちのお父さんは、しばらくミープさん夫妻の家に身を寄せました。お父さんが収容所から生還したことを聞いたドイツやアメリカ、イギリスの友人たちからはお金やお見舞いの品が送られてくるようになりました。しかし、お父さんは送られたお金*を自分のために使おうとはしませんでした。もちろん経済的には楽ではありませんでしたが、ミープさんや支えてくれる社員、再会できたハンナさん姉妹をはじめ、多くの人たちのためにそのほとんどを使いました。

ミープさんは、送られてきた本物のコーヒー*や紅茶やココアや砂糖をお父さんから渡されたとき、涙が止まらなかったと当時を思い出していました。

アンネの親友ハンナさん*は生還してからしばらく病院に入院し、妹のラケルさんは孤児施設に入っていました。幼い頃からよく知っている娘の友だちが生きていたことはお父さんにとって大きな心の支えになったことでしょう。お父

＊送られたお金：友人のネーサンストラウスは、ニューヨークのメーシーデパートのオーナーになっていて、500ドルもの大金を送ってきた。当時の日本円で18万円。米が10キロ100円、ラーメン1杯20円の時代。

＊本物のコーヒー：戦中は大豆やジャガイモ、たんぽぽの根などを煎って粉末にしてお湯に溶かした「代用コーヒー」が一般家庭で飲まれていた。

＊ハンナさんはその後、スイスを経てイスラエルに移住し、看護師になり医師と結婚し、3人の子と10人の孫がいる。

さんはハンナ姉妹と生涯、本当の親子のように交流していました。

◆出版されたアンネの日記

46年7月、アンネとマルゴーの死亡確認書が赤十字から届きました。妻の死はすでにわかっていたものの、娘たちの生存を信じていたお父さんは、一縷《いちる》の望みを断たれました。

ある日、ミープさんは直接アンネに渡そうと、ずっと預かっていた日記を「形身です」とお父さんに渡しました。日記には、お父さんの知らなかったアンネの思い、自分の思っていたよりも格段に成長していたアンネの姿がありました。日記の一部はドイツ語に訳して、スイス・バーゼル*にいたアンネのおばあさんに送り、悲しみをまぎらわせていました。

あるときお父さんは家族4人で住んでいた家で、昔していたように友人を集めて開いたお茶の会で、はじめてこの日記を読みました。日記の感動的な内容が口コミでひろがり、アムステルダム大学のヤン・ロメイン教授がぜひ読みたいと申し出てきました。

＊53年11月、オットーさんはアムステルダムでの知人で、アウシュビッツの生還者でもあったエルフリーデ・ガイリンガー＝マルコヴィッツと再婚、バーゼルに移住した。

日記を読みはじめた教授は、読みおわったときには、すっかり夜が明けていたといいます。大きな感動を受けた教授は『ヘットパロール紙*』に「ある子どもの声」というコラムを書いて日記の内容を紹介しました。それが『アンネの日記』の出版されるきっかけとなったのでした。47年6月、オランダ語による初版が『後ろの家』(Het Achterhuis) という書名で出版されました。

◆市民が守りつづけた「アンネの家」

戦争が終わって12年が経った57年5月、隠れ家のあった地域一帯が再開発予定地に組み込まれ、建物が取り壊し命令を受けました。このとき画家アントン・ウェッセルさんなどが、アンネの家を守ろうと市民運動をはじめ、市民たちは座り込みをして工事車両を止め、この家を買おうと寄付を呼びかけたのです。

ユリアナ女王がこの運動に寄付金を寄せたことから、アムステルダム市長をはじめ、多くの市民がこの活動に加わりました。お金は海外からも送られてきました。

運動は驚くほど大きく広がり、建物を所有していた不動産会社はついに「ア

*『ヘットパロール紙』：占領下のレジスタンス運動の一環として、ひそかに、配られていた機関紙のうちの1つ。当時たくさんあった機関紙のうち、『ヘットパロール』は、現在でも全国紙として読まれている。

戦時中のレジスタンスの機関紙。左列上から3番目がヘットパロール紙。

ンネに捧げる」と隠れ家の建物を寄付し、アムステルダム市も付近一帯を「歴史地区」に指定し、その保護を市民に約束しました。

また、建物の保全・維持と一般公開を目的として「アンネ・フランク財団」が設立されました。60年5月には、一般からの寄付金を基に財団がこの建物とその周辺を買い取り、博物館として内部の公開がはじまりました。

オランダの切手になったアンネ・フランク

あとがきにかえて

アンネが今生きていたら80歳です。そのあまりにも悲惨な死から60年余りが経ちましたが、世界はアンネが望んだ平和を実現できていません。私はこの本を読むみなさんが、アンネの志を自らのものとして受け止めてくださることを願って書きました。

アンネの一生は、ナチスによるホロコーストに翻弄されつづけました。また、ヒトラーの狂気に煽《あお》られたユダヤ嫌いの感情は、アンネと同じ境遇にあった６００万人もの人びとの命を奪いました。反ユダヤの歴史には、とても長い経過があります。旧約聖書『エステル記』にさえ、ユダヤ人皆殺し計画が企てられた、という記述があるのです。ユダヤ人はキリスト教徒から「キリスト殺し」と嫌われ、キリスト教を国教とした国ぐにでは、ユダヤ教は異教として禁じられ、差別迫害を受けてきました。

ようやくユダヤ人が人間として扱われたのは、18世紀、フランス革命の「人権宣言」によってでした。これを機に居住制限や職業制限もじょじょになくなり、高等教育もユダヤ人に開かれていきました。一方で、医師や大学教授などの職業がユダヤ人に独占されている、という非難がされました。いまだに、ノーベル賞はユダヤ人のためのものである、というねたみさえ残っています。平和な未来を築いていくために、私たち日本人もユダヤ問題に向き合い、異文化共生について真剣に考えていかなければならないと思います。

最後に、この本を書くにあたってお力添えくださった多くの方々に感謝いたします。故シモン・コーベアさんなどオランダの抵抗運動の生き残りの方々、ホロコーストの生き残りの多くの方々、中でもアンネの親友ハンナ・ホースラル・ピックさんには、面談や文通で多くの事実を教えていただきました。アンネのいとこバディ・エリアスさんとは、日本の面談だけでなく、バーゼルのお宅に招いていただき、かつてアンネがあこがれの目で見つめた家宝のカップでお茶をごちそうになりました。素顔のアンネに触れた思いでした。

また、NPO法人ホロコースト教育資料センターの石岡史子さん、西山百々子さんに心から感謝します。ホロコースト記念館（広島・福山市）大塚信館長、アンネのバラ教会（兵庫・西宮市）高橋数樹牧師、アンネ・フランク財団、ヤド・バシェム博物館（イスラエル）、オシベンチム博物館（ポーランド）、ワシントンD.C.ホロコースト博物館（アメリカ）など世界各地のホロコースト博物館と、ドイツ現代史をご教示くださった白鴎大学の清水正義教授、フランクフルト日本人学校の大澤武男先生に心から感謝を。

本の出版にあたっては、担当してくださった三浦早良さんに心から感謝します。80歳になり、身体不調でともすればなまけてしまう私がこの1冊をやり遂げたのはこの素晴らしい編集者との出会いでした。

80歳アンネの夢に重ねて　黒川万千代

◆引用・参考文献（順不同）

『アンネの日記　増補新訂版』アンネ・フランク著、深町眞理子訳（文春文庫）
『アンネの日記　研究版』オランダ国立戦時資料研究所編、深町眞理子訳（文藝文春）
『光のほかに——アンネの日記』アンネ・フランク著、皆藤幸蔵訳（文藝春秋）
『思い出のアンネ・フランク』ミープ・ヒース著、深町眞理子訳（文藝春秋）
『もうひとつのアンネの日記』アリソン・レスリー・ゴールド著、さくまゆみこ訳（講談社）
『アンネの伝記』メリッサ・ミュラー著、畔上司訳（文藝春秋）
『アンネ・フランク　最後の七カ月』ウィリー・リントヴェル著、酒井府、酒井明子訳（徳間書店）
『オードリー・ヘップバーン物語　上・下』バリー・パリス著、永井淳訳（集英社文庫）
『ホロコースト全史』マイケル・ベーレンバウム著、石川順子、高橋宏訳（創元社）
『わが闘争　上・下』アドルフ・ヒトラー著、平野一郎、将積茂訳（角川文庫）
『ゲシュタポ　狂気の歴史』ジャック・ドラリュ著、片岡啓治訳（サイマル双書）
『夜と霧』ヴィクトル・フランクル著、霜山徳爾訳（みすず書房）
『アウシュビッツ収容所——所長ルドルフ・ヘスの告白遺録』ルドルフ・ヘス著、片岡啓治訳（サイマル出版会）

『ワルソー・ゲットー』 E・リンゲルブルーム著、山田晃訳（光文社）
『記憶するワルシャワ』 尾崎俊二著（光陽出版社）
『ユダヤ人はなぜ殺されたか　第1部・第2部』 ルーシー・S・ダビドビッチ著、大谷堅志郎訳（サイマル出版会）
『ホロコースト歴史地図』 マーチン・ギルバート著、滝川義人訳（東洋書林）
坂西八郎、エイジ出版編（エイジ出版会）
『エクツェ・ホモ』 大澤武男著（講談社現代新書）
『ユダヤ人とドイツ』 大澤武男著（講談社現代新書）
『ユダヤ人とローマ帝国』
『ユダヤ人最後の楽園　ワイマール共和国の光と影』 大澤武男著（講談社現代新書）
『青年ヒトラー』 大澤武男著（平凡社新書）
『ユダヤ人の歴史　上・下』 ポール・ジョンソン著、石田友雄監修、阿川尚之、池田潤、山田恵子訳（徳間書店）
『ヨーロッパ・ユダヤ人の絶滅　上・下』 ラウル・ヒルバーグ著、望田幸男、原田一美、井上茂子訳（柏書房）

【著者紹介】

黒川万千代（くろかわ・まちよ）

NPO 法人ホロコースト教育資料センター副理事長

1929 年東京都生まれ。父の勤務のため、大阪、京都、東京、広島で育つ。1945 年 8 月 6 日、広島で被爆。広島女子専門学校、法政大学卒業。さまざまな平和運動にかかわりながら、ホロコーストとアンネ・フランクの研究を続け、2011 年 2 月に死去。

主な著書：『原爆の碑——広島のこころ』『鳩の使いの旅——広島のこころを世界へ』『ガイドブック 「アンネの日記」を訪ねる』（以上新日本出版社）、『「アンネの日記」への旅』（労働旬報社）

協力：NPO 法人ホロコースト教育資料センター（Kokoro）

アンネ・フランクの教材パネルの貸出やワークショップを全国の学校で実施しています。

https://www.npokokoro.com

メール　info@npokokoro.com

アンネ・フランク——その15 年の生涯

2009 年 8 月 1 日　第 1 刷発行
2017 年12月15日　第 4 刷発行

著　者　黒川万千代
発行者　上野良治
発行所　合同出版株式会社
東京都千代田区神田神保町 1-44
郵便番号　101-0051
電話　03（3294）3506
振替　00180-9-65422
ホームページ　http://www.godo-shuppan.co.jp/
印刷・製本　株式会社シナノ
■刊行図書リストを無料進呈いたします。
■落丁乱丁の際はお取り換えいたします。

ISBN 978-4-7726-0463-5　NDC289　216 × 141